Don Gregorio-Grzegorz Stanislaw Lydek

"GLI INCONTRI" PIÙ INCISIVI PER LA TEOLOGIA DELLA MISERICORDIA

Don Gregorio-Grzegorz Stanislaw Lydek

"GLI INCONTRI" PIÙ INCISIVI PER LA TEOLOGIA DELLA MISERICORDIA

DEL BEATO MICHELE SOPOĆKO CON I GRANDI MAESTRI DELLA FILOSOFIA E DELLA TEOLOGIA

Edizioni Sant'Antonio

Imprint
Any brand names and product names mentioned in this book are subject to trademark, brand or patent protection and are trademarks or registered trademarks of their respective holders. The use of brand names, product names, common names, trade names, product descriptions etc. even without a particular marking in this work is in no way to be construed to mean that such names may be regarded as unrestricted in respect of trademark and brand protection legislation and could thus be used by anyone.

Cover image: www.ingimage.com

Publisher:
Edizioni Accademiche Italiane
is a trademark of
Dodo Books Indian Ocean Ltd. and OmniScriptum S.R.L publishing group

120 High Road, East Finchley, London, N2 9ED, United Kingdom
Str. Armeneasca 28/1, office 1, Chisinau MD-2012, Republic of Moldova, Europe
Printed at: see last page
ISBN: 978-613-8-39447-1

GREGORIO-GRZEGORZ LYDEK

"GLI INCONTRI" PIÙ INCISIVI PER LA TEOLOGIA DELLA MISERICORDIA DEL BEATO MICHELE SOPOĆKO CON I GRANDI MAESTRI DELLA FILOSOFIA E DELLA TEOLOGIA

PRESENTAZIONE

Don Gregorio-Grzegorz Stanisław Łydek, non era passato molto tempo da quando aveva assunto il ministero di Parroco nella chiesa che frequento, san Pietro Apostolo a Lanciano, subito è entrato nel mio cuore e mi ha fatto vivere l'Amore per la Vergine Maria e per Gesù con tale trasporto che non avevo provato prima, sperimentando un profondo appagamento dell'anima. Il Signore l'ha messo sulla mia strada e l'ha reso in me la comunione con Lui più intima, più forte: la fiammella che ardeva nel mio cuore per Dio è diventata fiamma viva, ardente di vivo Amore. Valido e preparato sacerdote, innamorato di Dio, quel Dio misericordioso che non abbandona i suoi figli, ha dato spazio al segno profetico della Divina Misericordia, presso la cui immagine, rappresentazione di Gesù Misericordioso, di cui si è preso cura di dotare la chiesa, ha raccolto in preghiera i suoi fedeli.

A don Gregorio sono particolarmente grata per avermi fatto conoscere ed esaminare l'aspetto di Dio Misericordioso, grazie anche soprattutto ai suoi scritti incentrati proprio su questo tema a lui molto caro, frutto di attento studio teologico e meditazione personale.

Sì, Dio è Bontà, Amore, mi sono sempre detta, come si trova scritto nella Bibbia. Ho capito che Dio è più che Bontà: è Amore e Misericordia, che trovano la loro massima manifestazione nel sacrificio del suo figlio prediletto, Gesù. È grazie a suoi testi sulla Misericordia che ho reso più chiare e profonde le conoscenze riguardo alle Virtù dell'Amore e della Misericordia di Dio. E ho altresì compreso che l'Amore senza la Misericordia è come un cuore che batte in un corpo senza braccia, per abbracciare, per accogliere; senza gambe per andare incontro... e senza mani, per donare... per pregare, accarezzare; senza bocca, per baciare, confortare, perdonare e onorare e lodare Dio! Amore e Misericordia si completano e permettono la realizzazione della volontà di Dio che vuole il Bene dell'uomo e la sua salvezza.

Gli scritti di don Gregorio, sono una fonte alla quale attingere, non solo per i grandi, sani ed edificanti valori cristiani che si snodano davanti al lettore, ma anche perché fanno conoscere, in un discorso teologico fluido e coinvolgente, concetti che arricchiscono ed elevano l'anima, e la spiritualità di anime, come quella del beato don Michele Sopoćko. E, come dice lui: «i cristiani ad imitazione di Cristo, volto della Misericordia del Padre, dovrebbero, oggi più che mai, osservare la legge della Misericordia, cioè le opere corporali e spirituali, che ha urgente bisogno di essere vissuta e praticata per rompere quel filo di egoismo, indifferenza, narcisismo e autoreferenzialismo dominante».[1]

Don Gregorio, dà molta importanza anche all'Adorazione della Santa Eucaristia e non trascura di istruire e illuminare il popolo di Dio sulle Verità di Fede con sapienti catechesi che arricchiscono e nutrono l'anima, e lo guida con sentimento nella pratica di preghiere in onore della Madonna, del Sacro Cuore di Gesù, del suo Preziosissimo Sangue e dei santi, rafforzando nei fratelli e nelle sorelle la devozione. La sua umanità

---

[1] G. LYDEK, *La misericordia di Dio nella spiritualità di santo Stefano, primo martire - con prefazione dell'arcivescovo metrop. mons. Tommaso Valentiniti*, Ed. S. Antonio, Padova 2021, p. 48.

e la sua capacità di accoglienza gli permettono di prendersi cura dei fedeli e delle loro difficoltà. Durante il *lockdown* non ha mai chiuso le porte della chiesa a nessuno e si è preoccupato di contattare quanti stavano da soli, e si è offerto di essere utile. Svolge il suo ministero con scrupolosità e si adopera, incondizionatamente, per il sollievo delle anime. Animato da salda fede, dedica il suo servizio di pastore alla santa Chiesa con passione. Il Signore lo benedica e lo protegga e lo Spirito Santo continui ad illuminarlo, a guidarlo nella sua missione sacerdotale!

prof.ssa Francesca Casales

INTRODUZIONE

Cara lettrice, caro lettore, della vita e dell'opera di Michał Sopoćko si occupa scientificamente la numerosa e accurata letteratura quasi esclusivamente di autori in lingua polacca, intenzionati a mettere in luce soprattutto la spiritualità del beato, in particolare il suo legame con il "messaggio spirituale della Divina Misericordia". Solo pochi studiosi polacchi, però, si sono concentrati nella parte teologica del mistero della misericordia, così come essa è stata intesa ed approfondita dalle opere di Sopoćko[2].

Henryk Ciereszko è il primo autore che si era impegnato a studiare, con rigore scientifico, la vita e il pensiero di Sopoćko. Ha pubblicato diversi libri sul profilo biografico e sulle opere del teologo polacco, di cui uno dei più importanti è il volume: *La vita e le opere di don Michał Sopoćko. L'intera bibliografia dell'Apostolo della Divina Misericordia*. In questa ampia ricerca scientifica (di 625 pagine), Ciereszko ha presentato la *forma mentis* e la teologia della misericordia del beato. Per fare ciò, Ciereszko ha dovuto fare un'attenta disamina di tutti i suoi scritti sia pubblicati che inediti. In questa stessa opera Ciereszko ha proposto anche una breve e concisa analisi

---

[2] Cf. H. CIERESZKO, *Życie i działalność Księdza Michała Sopoćki. Pełna Biografia apostoła Miłosierdzia Bożego 1888-1975*, WAM, Kraków 2006; ID., *Ksiądz Michał Sopoćko Apostoł Miłosierdzia Bożego* [*Don Michał Sopoćko apostolo della Divina Misericordia*], WAM, Kraków 2004; ID., *Droga do świętości ks. Michała Sopoćki* [*La strada della santità di don Michał Sopoćko*], WAM, Kraków 2004; ID., *Ksiądz Michał Sopoćko profesor, wychowawca i ojciec duchowny alumnów i kapłanów*, KMB, Białystok 2008; A. DRAGAN, *Z misją Bożego Miłosierdzia. Szkice z życia bł. ks. Michała Sopoćki* [*Con la missione della Divina Misericordia. Stesure sulla vita del beato don Michal Sopocko*, Wydawnictwo Księży Marianów, Warszawa 2008; E. KISIEL - CZ. BARWICKI, *Wspomnienia o ks. Michale Sopoćce* [*I ricordi di don Michał Sopoćko*], AKAB, Białystok 1994; M. SMILGIN, *Sługa Boży ksiądz Michał Sopoćko - realizator dzieła Bożego* [*Il servo di Dio don Michał Sopoćko - realizzatore dell'Opera di Dio*], Wydział Duszpasterstwa Kurii Metropolitalnej Białostockiej, Białystok 1994; S. STRZELECKI, *Ksiądz Michał Sopoćko jakiego znałem i pamiętam* [*Don Michał Sopoćko così come l'ho conosciuto e lo ricordo*], Wydawnictwo Księży Marianów, Warszawa 2004; T. K. SZAŁKOWSKA, *Tajemnica Miłosierdzia* [*Il mistero della misericordia*], OWPA, Warszawa 2005; E. OZOROWSKI - Z. JARZĄBEK - E. BOBKOWSKA (edd.), *I dialoghi sulla Misericordia Divina*, Wybór, Białystok 2007.

del pensiero teologico-spirituale di Sopoćko, giungendo alla conclusione che nelle diverse tappe di vita di Sopoćko si rendono evidenti e chiari i segni della chiamata provvidenziale all'apostolato della Divina Misericordia e non alla semplice apologia del tema della misericordia. Secondo Ciereszko, il cosiddetto "metodo della misericordia", proposto da Sopoćko, serve per arrivare a scoprire la "vera causa dell'allontanamento" dell'uomo da Dio, per ritrovare il dialogo e la relazione personale con il Creatore. Egli, inoltre, ha fatto vedere che il pensiero teologico di Sopoćko sul tema della misericordia è fortemente radicato nella Bibbia, nel Magistero, nei Padri della Chiesa, nella teologia morale e spirituale, nella liturgia. In sintesi, grazie a Ciereszko si è potuto chiarire di più quella concezione che ha della misericordia il beato polacco[3].

Il volume *Il Mistero della Misericordia* (di 340 pagine) di Katarzyna Szałkowska è la tesi dottorale discussa nell'anno 2005 presso la Facoltà Teologica dell'Università di Varsavia. L'autrice si è concentrata prevalentemente sulla spiritualità della misericordia e sulla vita consacrata delle religiose, esaminando le intuizioni teologiche di Sopoćko dal di dentro nell'ambito della teologia spirituale e della teologia della vita consacrata. Il punto di partenza per lo studio di Szałkowska è la definizione del concetto di spiritualità religiosa sia in Sopoćko, sia in suor Faustina Kowalska. Szałkowska ha proceduto poi all'esame del tema della vita consacrata dal punto di vista della misericordia. In seguito ha individuato e descritto i cardini della spiritualità della

[3] Cf. H. CIERESZKO, *Życie i działalność Księdza Michała Sopoćki. Pełna Biografia apostoła Miłosierdzia Bożego 1888-1975.*

vita religiosa e affrontato altri temi importanti, quali la formazione dei consacrati e i mezzi per la crescita della vita spirituale. La studiosa polacca è arrivata alla seguente conclusione: il culto della Divina Misericordia è lo stesso culto della SS. Trinità. Infatti, Dio Padre rivela l'eternità e la maestà della misericordia, il Figlio mostra agli uomini la bellezza e la saggezza della misericordia, lo Spirito Santo rivela l'amore di Dio e la gioia della misericordia. La Trinità è fondamentalmente amore donativo e generativo. Tutta la creazione è sempre l'opera della misericordia. Il rapporto fra Dio e Adamo non fu soltanto un piano di salvezza, ma soprattutto dell'amore misericordioso infinito. Poiché il peccato originale infranse tale piano, Dio misericordioso ha deciso di ricostruire la Nuova Alleanza con gli uomini nel Figlio Gesù. Lo Spirito Santo assiste gli uomini per condurli verso la salvezza attraverso Cristo. Solo il Figlio Gesù può rivelare il mistero del Padre misericordioso che ama, attende e accoglie gli uomini. La vita consacrata dei religiosi non può staccarsi dalla "spiritualità della misericordia"[4] e dal continuo desiderio di conoscere il Dio ricco di misericordia. L'incessante riflessione sull'infinito mistero della misericordia trasforma e rende migliore la vita religiosa. La preghiera, infine, diventa una "strada sicura" per incontrare il Signore delle misericordie. Grazie allo studio scientifico di Szałkowska è possibile cogliere meglio il tema della misericordia nel pensiero teologico di Sopoćko[5].

Osorowski, svolgendo anche lui un'indagine scientifica sul pensiero teologico e spirituale di Sopoćko, ha sviluppato tre gruppi tematici: la misericordia di Dio; il culto

[4] Per la "spiritualità della misericordia" Szałkowska intende la pratica delle opere di misericordia e la fiducia in essa: cf. T. K. SZAŁKOWSKA, *Tajemnica Miłosierdzia*, pp. 245-330.
[5] Cf. *ibidem*.

della Divina Misericordia; la misericordia e l'etica in Sopoćko. In uno dei suoi scritti più rilevanti, intitolato: *I dialoghi sulla Misericordia Divina* (di 95 pagine), Osorowski spiega l'idea che Sopoćko ha di Dio, ricco di misericordia. A suo avviso, essa si fonda nel Nostro su un concetto di misericordia che è eterna ed accompagnata dalla giustizia divina. La conoscenza della misericordia è raggiungibile soltanto attraverso Cristo[6].

In Polonia, come abbiamo potuto costatare e riferire sinteticamente, è ormai nota la dimensione nettamente "cristocentrica" della teologia e del "messaggio spirituale" di Sopoćko. In Italia, invece, fino ad oggi, non sono conosciute le "intuizioni teologiche" di questo pioniere e testimone della Divina Misericordia, che comunque appartengono al patrimonio teologico-spirituale della Chiesa. La teologia della misericordia di Sopoćko è come un dono nuovo che potrebbe spezzare il circolo chiuso del proprio pensare e come una mano che solleva verso l'alto. Perciò, giustamente Marcello Bordoni osserva:

«Ma se la teologia vuole e dev'essere qualcosa di più e di diverso rispetto a un approccio generico e metodico a delle semplici domande, dobbiamo affermare che il suo tratto particolare è dedicarsi a ciò che non abbiamo scoperto da noi stessi e che può essere per noi fondamento della vita perché ci precede e ci sostiene, essendo più grande del nostro stesso pensiero. Allora, il tratto particolare della teologia, riassunto nel detto: *credo ut intelligam*, vuole esprimere che nella teologia io accetto un dono che mi precede, per trovare a partire da esso e in esso l'accesso alla vita vera. È per la risposta

[6] Cf. E. OZOROWSKI - Z. JARZĄBEK - E. BOBKOWSKA (edd.), *I dialoghi sulla Misericordia Divina*, Wybór, Białystok 2007.

a questo dono che si spezza il circolo chiuso del proprio pensare, perché al pensiero viene tesa, per così dire, una mano che lo solleva verso l'alto, al di là delle sue forze»[7].

[7] M. BORDONI, *La teologia tra fede, ragione, verità, amore*, in "PATH" 6(2007), pp. 3-4.

1. Dio e la sua misericordia nella prospettiva teologico-sistematica

Gli studiosi non cessano di chiedersi quali furono gli influssi che hanno contribuito in maniera decisiva alla formazione del beato don Michele Sopoćko.[8] Il beato, per esempio, ha abbozzato nel suo *Diario* un elenco delle persone che nel periodo della sua prima infanzia e giovinezza hanno avuto su di lui un'influenza determinante.[9] Fu lui stesso ad accennare in alcuni dei suoi *scritti* alla stretta affinità tra il suo pensiero e quello di alcuni filosofi, teologi e religiosi da lui studiati.[10] Inoltre, bisogna dire che la questione degli influssi sul pensiero del teologo polacco abbia una connotazione veramente particolare. Infatti, già la sua infanzia fu il periodo della "scoperta" e della fondazione di tutto il futuro pensiero teologico. Tutti gli "incontri" successivi, con le nuove idee filosofiche, teologiche e scientifiche nonché con i nuovi ambiti di conoscenza, furono tappe importanti sulla via della sua maturazione umana, spirituale ed intellettuale. Ogni nuovo incontro era da lui vissuto come possibilità

[8] Don dott. Michele Sopoćko nacque a Nowosady, nella circoscrizione di Vilna. Negli anni 1910-1914 studiò teologia all'Università di Vilna, poi a Varsavia, dove frequentò l'Istituto Pedagogico Superiore. Dopo aver conseguito il dottorato in teologia morale nel 1926, divenne padre spirituale nel seminario di Vilna. Fece la sua abilitazione nel 1934. Lavorò come professore di teologia pastorale alla Facoltà di Teologia dell'Università Stefano Bathory a Vilna e nel Seminario di Białystok (1928-1962). Negli anni 1918-1932 fu cappellano militare dell'Esercito Polacco a Varsavia e a Vilna. Don Michele Sopoćko nelle sue opere scientifiche pubblicate pose le basi teologiche per le nuove forme di culto della Divina Misericordia, che egli stesso divulgò assiduamente. Era impegnato anche in attività sociali. Era confessore di comunità religiose e laiche. Scrisse lettere di formazione per la prima comunità di suore e successivamente stese le costituzioni per la nuova congregazione, fondata in base alle riflessioni e proposte di suor Faustina. Compose preghiere alla Misericordia Divina basandosi sui suoi testi. Dopo la morte di suor Faustina, con la quale mantenne i contatti fino alla fine della sua vita, realizzò con fedeltà la missione. Nel *Diario* di santa Faustina è rimasta viva la testimonianza che rivela la bellezza della personalità e la ricchezza interiore di questo santo sacerdote. Il 28.09.2008 a Białystok in Polonia, la Chiesa ha proclamato Beato don Michele Sopoćko, padre spirituale di santa Faustina Kowalska: cf. H. CIERESZKO, *Il cammino di santità di Don Michele Sopoćko*, LEV, Città del Vaticano 2008, pp. 11-33.

[9]Si tratta del *Diario* scritto nella lingua polacca, dove sta in ordine cronologico: «Mamma Jadwiga, papà Józef, fratello Ignacy, sorella Zofia, fratello Piotr»: M. SOPOĆKO, *Błogosławiony Ksiądz Michał Sopoćko - Dziennik* (*Beato don Michele Sopoćko – Diario*), Wydawnictwo Św. Jerzego, Białystok 2010, p. 65, Come si vede tra i nomi figurano anche quelli dei primi maestri di Sopoćko; Jan Kunicki, Aleksander Łoszakiewicz, Józef Zimitrowicz, J. Kurczewski, padre L. Żebrowski, padre St. Mikołowski e padre Lubianiec; *Ibid.*, pp. 71-77.

[10]Si veda, per esempio, la sua ricerca nei quattro volumi *La misericordia di Dio nelle sue opere*; M. SOPOĆKO, *Miłosierdzie Boga w dziełach Jego*, Kuria Metropolitalna Białostocka, Białystok 2008.

d'interpretare e sviluppare, in chiave filosofica e teologica, quelle intuizioni che avevano origine nella "intelligenza esperienziale del beato".

Ora, vogliamo presentare il contesto storico e culturale della teologia di Sopoćko ed il tema della misericordia di Dio trattato nei manuali di fine XIX e inizio XX secolo. Vedremo più da vicino alcuni degli "incontri" più significativi di Sopoćko, che rappresentano altrettante tappe incancellabili del suo cammino intellettuale e spirituale, segnato dal desiderio di trovare nuovi strumenti volti all'approfondimento concettuale della misericordia di Dio. In seguito tratteremo il tema della misericordia nell'ottica dogmatica, consultando i vari trattati sotto il profilo storico-analitico, senza volerci limitare a seguire la linea cronologica della biografia del Nostro autore e senza pretendere di esaminare in modo completo ogni particolare a riguardo.

1.1 Una teologia nella storia

La teologia dei tempi di Sopoćko, quella cioè di fine XIX e inizio XX secolo, era legata quasi esclusivamente all'analisi dei dogmi e dei trattati, all'apologia della fede cattolica e all'esame della dottrina morale. Tutte queste tematiche venivano presentate in modo preciso, deduttivo, logico e sistematico. Nei testi dogmatici del teologo polacco degli anni quaranta e cinquanta, troviamo diverse affermazioni che, dimostrano come ancora prevalesse un concetto di un Dio troppo "giusto" e "fiscale", anziché quello di un Dio misericordioso, pronto a perdonare le offese. Benché talvolta in questi testi teologici si usasse l'aggettivo "misericordioso", vi si associava fondamentalmente l'idea che un peccatore dovesse espiare comunque tutte le sue colpe senza poterle deporre in Cristo, che è misericordia stessa.

Questa tipologia concettualistica, infatti, creava una visione di un Dio limitato e incompleto, anzi, suscitava in un certo senso una sensazione di paura e di timore nell'avvicinamento a Dio santo, giusto e soprattutto misericordioso.[11]

Sfogliando alcune pagine dei manuali in quel tempo utilizzati, ci si accorge che il termine "misericordia" venisse usato con un certo timore e soprattutto in qualità di un sinonimo di "bontà". Ecco un esempio:

---

[11]M. SIENIATYCKI, *Zarys dogmatyki katolickiej* (*Abbozzo della dogmatica cattolica*) *vol. II.*, Drukarnia "Powściągliwość", Kraków 1934, pp. 78-171.

«Dio possiede la bontà, la libertà e l'intelligenza, come del resto si è detto che Dio è bontà infinità, non si è ancora assegnata l'ultima ragione della divinità, e si può sempre domandare perché Dio possiede tutte queste perfezioni in grado sommo, in grado infinito?»[12]

A questo punto, già dall'inizio, emergono alcune domande fondamentali: c'è differenza tra bontà e misericordia? Se sì, qual è? E cosa comporta questa differenza nel discorso di Dio?

In senso teologico, l'espressione "Dio buono" indica la sua caratteristica, mentre l'espressione "Dio misericordioso" ne indica la compassione, la pietà, il perdono e la relazione diretta con le creature.[13]

La teologia di Sopoćko nasce nella Polonia degli anni 1920-1960, in cui l'incarnazione e la Trinità sono i due misteri fondamentali della fede cristiana. In particolare la dottrina trinitaria esprime la peculiarità della concezione cristiana di Dio. La subordinazione del trattato *De Deo trino* al trattato *De Deo uno* non ha saputo dare completamente ragione della dicibilità trinitaria di Dio nell'evento di Gesù Cristo. Solo facendo riferimento e partendo da questo evento, secondo il Nostro, si può comprendere perché Dio è relazione (misericordia), e quindi Trinità. Ad una determinata impostazione metodologica del trattato trinitario corrisponde un differente approccio al mistero di Dio.

---

[12]Cf. A. ZACCHI, *Dio – la negazione, l'affermazione*, Ed. V, L. E. F. Ferrari, Roma 1952, p. 565.
[13]R. LATOURELLE, R. FISICHELLA, *Dizionario di teologia fondamentale*, Citt. Ed., Cittadella 1998.

Nella teologia polacca troviamo influenze dalle correnti soprattutto tedesche, francesi e italiane. I teologi polacchi, infatti, si ponevano l'interrogativo sul metodo teologico più adeguato. Nei manuali dell'inizio del XX secolo, notiamo l'elaborazione della nozione "teologia" che viene definito come scienza, la quale parla di Dio che si rivela e ciò che rivela Dio sulle creature. Uno dei manuali di quest'epoca, stampato nella lingua polacca afferma:

> «La teologia è una scienza che ci conduce alle certezze non sottoposte ai dubbi. Le certezze per la teologia sono le verità rivelate. Esse fanno parte del contenuto della rivelazione: la Sacra Scrittura e la tradizione. La teologia, dopo una lunga e acuta analisi dell'autenticità di queste sorgenti, trae da essi un metodo scientifico».[14]

Non possiamo dimenticarci che l'opera di Sopoćko s'inserisce nel secolo scorso, porta in sé i segni del tempo passato. Questi segni si svelano sia nella teologia di quell'epoca sia nella diversità di "fare teologia" e anche si notano nel livello di teologia della Sacra Scrittura, della manualistica, della storia biblica. Notevoli sono anche i riferimenti alla liturgia della Chiesa preconciliare, ai testi liturgici e alle feste del calendario in quel tempo utilizzati.

---

[14]Cf. M. SIENIATYCKI, *Apologetyka czyli dogmatyka fundamentalna*, Drukarnia Pl. Fr. Zemanka, Kraków 1932, p. 9.

1.2 La specificità della teologia di quell'epoca

Esplorando le *opere* e gli *scritti* del teologo polacco sul concetto più "completo" e "approfondito" del mistero di Dio e della sua misericordia, bisognerebbe riservare particolare attenzione alla specificità di quell'epoca e anche allo sviluppo della riflessione biblica e teologica su quest'argomento.

Dobbiamo tenere presente che la Bibbia per Sopoćko è la base fondamentale dello studio e della riflessione sulla misericordia di Dio. È importante, però, considerare che la traduzione della Sacra Scrittura in polacco, ad opera di J. Wujek,[15] alla quale il Nostro si riferisce citandola nei suoi testi scritti, presenta il termine "misericordia" al quale viene attribuito il significato di pietà, grazia, benevolenza, bontà, fedeltà e verità.[16] Confrontando la traduzione della Bibbia di Wujek alla traduzione più recente, si ha la sensazione che, in alcuni brani dell'interpretazione seguita dal teologo, compatibile con la traduzione effettuata da Wujek, alcuni termini verbali sono imprecisi, ma l'essenza della verità interpretata è rispettata.

Un'altra osservazione rilevante è che Sopoćko nelle sue tesi teologiche conserva la logicità e la deduzione. Il suo modo di esprimersi, di definire diversi argomenti della

---

[15]Per capire meglio di quale traduzione del testo della Bibbia in polacco si serviva Sopoćko per le sue ricerche, riferite al tema del nostro studio contestuale – analitico, è opportuno approfondire brevemente la biografia di Wujek.
Jakub Wujek (1541-1597) è un polacco gesuita, scrittore religioso, dottore in Teologia, vice-cancelliere dell'Accademia di Wilno e traduttore della Bibbia in polacco. La sua traduzione è precisa e multilaterale; il suo linguaggio è semplice e chiaro, mentre al tempo stesso serio e dignitoso. La traduzione di Wujek, sostituita dalla Bibbia Leopolita, servì come la fondamentale traduzione cattolica polacca per oltre tre secoli. R. KLUSZYŃSKI, *Encyklopedia Polski*, Wydawnictwo Krak., Kraków 1996; J. SYGAŃSKI, *Ks. Jakob Wujek z Wągrowca w własnej korespondencji świetle 1540-1597*, Krak. Wyd., Kraków 1914, pp. 5-12.

[16]H. CIERESZKO, *Ksiądz Michał Sopoćko - Miłosierdzie Boga w dziełach Jego*, Kuria Metropolitalna Białostocka, Białystok 2008, p. 8.

misericordia, il suo parlare sull'amore di Dio è chiaro e nello stesso profondo. Si potrebbe affermare che le sue parole nel "fare la teologia" si pesano su una bilancia per non perdere ciò che è essenziale nell'avvicinamento al mistero di Dio e alla misericordia. In quell'epoca sorgevano molti dibattiti tra i teologi sulla comprensione della misericordia di Dio e su un eventuale contenuto del culto alla divina misericordia. Il problema che si poneva era se in esso bisognasse sottolineare il significato della misericordia come attributo di Dio, o la persona di Cristo, nella quale si rivela la misericordia di Dio Padre e su cui la grande maggioranza dei teologi concordava.[17] Anche il Nostro si convinse della seconda posizione, perciò parla di culto del "Salvatore misericordiosissimo" in cui loda la divina misericordia in *Persona Cristi.*[18]

Analizzando il metodo della teologia polacca in quel periodo, scopriamo che era utilizzata una distinzione tra la teologia positiva, scolastica e scolastico-positiva: che decisamente raccomandava il papa Pio X in enciclica *Pascendi* (1908).[19] È notevole che la dogmatica fondamentale era vista uguale all'apologetica e che entrambi avevano lo stesso metodo: storico-filosofico e l'obiettivo di difendere la base della religione rivelata.[20]

---

[17]*List ks. Sopoćki do ks. Pełczyńskiego z dn. 27.02.1950 r.* (*La lettera da don Sopoćko a don Pełczyński del 27.02.1950*), AKAB, XIX, p. 87: *List ks. Sopoćki do ks. Chróściechowskiego z dn. 07.01.1958*, (*La lettera da don Sopoćko a don Chróściechowski del 07.01.1958*), AKAB, XIX, p. 25; *List ks. Sopoćki do M. Optołowicza z dn. 27.09.1964 r.* (*La lettera da don Sopoćko a M. Optołowicz del 27.09.1964*), AKAB, XXXIX, p. 27.

[18]Per giustificare quest'affermazione riportiamo uno dei testi di Sopoćko che scrive così; «Mi pongo il problema sul vero significato: qual è la differenza tra il Redentore e il Salvatore? Certamente Cristo è il Redentore e il Salvatore. Perciò il Redentore è diventato una volta sola, morendo sulla croce, il Salvatore invece rimane per sempre. Ecco perché "questo quadro" rappresenta Cristo Signore quando viene agli apostoli a porte chiuse. Nel momento in cui istituisce il sacramento della penitenza nel giorno della risurrezione, questa immagine raffigura il Salvatore misericordiosissimo non il Redentore (…)»; M. SOPOĆKO, *Błogosławiony Ksiądz Michał Sopoćko – Dziennik* (*Beato don Michele Sopoćko – Diario*), p. 141.

[19]*Ibid.*, pp. 11,12.

[20]*Ibid.*, pp. 14,15.

Un'altra considerazione importante: la teologia morale che intanto utilizzava il *triplex distinguitur methodus*: *positiva, scolastica et casistica*, tendeva ad essere troppo fiscale e severa; faceva percepire l'aspetto punitivo di Dio, meno quel misericordioso nei confronti di un peccatore che può ottenere il perdono totale di Dio che si realizza in *Persona Cristi*.[21] In una guida per i confessori stampata nell'arcidiocesi di Wilno nella quale Sopoćko era incardinato, leggiamo:

> «Per essere un buon confessore non basta essere un ottimo teologo o un asceta provato, ma più importante possedere un amore ardente, non qualsiasi, ma l'amore paterno, l'amore del Buon Pastore. Quest'attributo, apparentemente, potrebbe sembrare tanto facile, ma in realtà è molto difficile, infatti, ci cono tre caratteristiche del confessore da rispettare: a) occorre una conoscenza ottima della scienza morale cattolica di un sacerdote per essere come un giudice e come un medico, che sa centrare bene il vero problema, b) per essere l'uno e l'altro bisogna assicurare la salvezza del penitente, c) dopo aver fatto sentire l'angoscia del peccato, bisogna far gustare la dolcezza dell'amore di Dio e suscitare il desiderio in "una pecorella smarrita" di tornare spesso alla confessione sacramentale».[22]

---

[21] H. NOLDIN - A. SCHMITT, *De principalis theologiae moralis*, Ed. XXII, O.T.S. Fel. Ruach, Roma 1934, p. 6.
[22] Cf. J. GUMA, *Przewodnik dla spowiedników – I vol.* (*La guida per i confessori*), Druk. J. Zawadzki, Wilno 1873, p. 30.

Nel trattato quinto *De virtutibus*, art. primo: *De amore Dei*, però, viene proposta una significativa intuizione:

> «Necessitate praecepti, amor Dei necessarius est, per se puero, ubi sufficienter suam ad Deum relationem animadverti, pluries in vita».[23]

Più avanti, in un altro manuale della teologia morale, dopo una vasta presentazione del pensiero di san Tommaso d'Aquino, troviamo una visione di Dio più vicina alla visione del teologo polacco:

> «Beatitudo, ad quam homo in praesenti ordine destinatus est, in intuitiva visione Dei consistit atque in summo amore et gaudio, quae inde resultant».[24]

Nonostante le profonde radici bibliche della verità sulla misericordia di Dio, fino al XX secolo, bisognerebbe riconoscere che essa non era tanto evidenziata nel Magistero della Chiesa. Si studiavano separatamente i dogmi, i trattati senza questa visione più completa. Ugualmente anche per la storia del pensiero teologico. Le elaborazioni speciali sul tema della misericordia compaiono dopo la Seconda Guerra Mondiale, dal Magistero della Chiesa, invece, il primo documento ufficiale

---

[23]Cf. A. M. ARREGUI, *Summarium theologiae moralis*, Dep. Libri della P.U.G., Roma 1937, p. 84.
[24]Cf. H. NOLDIN - A. SCHMITT, *De principalis theologiae moralis*, p. 19.

viene pubblicato ora nel 1980, l'enciclica di Giovanni Paolo II - *Dives in Misericordia.*[25]

Il 6 febbraio del 1922, viene eletto papa il card. Achille Ratti, arcivescovo di Milano prendendo il nome di Pio XI. Il nuovo pontefice, uomo di notevole cultura, concreto, profondamente ricco di spiritualità e pacifico,[26] in uno dei suoi discorsi pone fortemente l'accento sulla misericordia che sta sopra tutti gli altri attributi di Dio.

> «Davvero soccorre quello che la Sacra Scrittura dice dell'opera di Dio: la misericordia è quella che sta sopra tutte la altre: *et misericordia eius super omnia opera eius*. È la misericordia che tutto sovrasta, che su tutto trionfa, che di tutto segna il fine. È la misericordia la più tenera, la più commovente espressione del Cuore di Gesù quello che Egli raccomanda alla nostra memoria del Buon Pastore: *Ergo sum Pastor bonus*».[27]

Il papa Pio XI, prima di morire, proprio alla vigilia del secondo conflitto mondiale il 10 febbraio del 1939, confidando nella misericordia di Dio scrive:

> «Vorrei vivere ancora, per vedere come Dio risolverà i problemi del mondo e salverà la sua Chiesa».[28]

---

[25]H. CIERESZKO, *Ksiądz Michał Sopoćko Apostoł Miłosierdzia Bożego* (*Don Michał Sopoćko apostolo della Divina Misericordia*), Wydawnictwo WAM, Kraków 2004, pp. 13,14.
[26]A. M. ERBA, P. GUIDICCI, *La Chiesa nella storia – duemila anni di cristianesimo*, Elledici, Torino 2003, p. 600.
[27]Cf. PIO XI, *Discorsi di Pio XI, a cura di Domenico Bertetto - vol. I*, L.E.V., Città del Vaticano 1935, p. 199.
[28]A. M. ERBA, P. GUIDICCI, *La Chiesa nella storia – duemila anni di cristianesimo*, p. 602.

Il 2 marzo 1939, invece, viene eletto papa il cardinale Eugenio Pacelli. Il nuovo pontefice, assume il nome di Pio XII, in ideale continuità con il predecessore. Uomo di grande intelligenza e di vasta cultura, vive il suo pontificato, durato 20 anni, in terribili ore di lutto per l'umanità. La cronaca registra vertiginosamente date dolorose. Il 1° settembre 1939, la Germania attacca la Polonia, il 3 settembre 1939, la Francia e l'Inghilterra dichiarano guerra alla Germania, il 27 settembre 1939, Varsavia è occupata dai tedeschi ecc. In tutto questo periodo l'azione di Pio XII è intensissima. Tenta un'opera di pace seguendo molteplici strade: conferma più volte nel suo magistero l'importanza della fede, della misericordia dove Dio si comunica agli uomini e delle prese di posizione di Pio XI (avallando così la condanna del nazismo e di altri regimi totalitari).[29] Nella lettera enciclica scrive:

> «Dio, essendo Sommo Bene, elargisce all'uomo, oggetto di sua particolare sollecitudine e amore, incessantemente i suoi doni, dei quali alcuni sono per le anime, altri in uso per questa vita terrena; e, manifestamente, questi ultimi sono subordinati ai primi esattamente come il corpo deve essere subordinato all'anima, alla quale, prima di comunicarsi nella visione beatifica, Dio si comunica mediante la fede e la carità».[30]

---

[29]*Ibid.*, p. 602.

[30]Cf. PIO XII, *Divino afflante spiritu – lettera enciclica "Sul modo più opportuno di promuover gli sudi biblici"*, L.E.V., Città Vaticana 1943, p.4.

Terminato il tragico conflitto, Pio XII s'impegna in un vasto programma pastorale per affrontare con realismo il dopo guerra e promuovere una serie di iniziative ecclesiali atte a tessere negli animi, la fede anche con il contributo dottrinale e l'appoggio dei progressi della scienza e della tecnica.[31]

In tale contesto storico culturale, Sopoćko, già prima della guerra, avvertiva il desiderio di scrivere un trattato dogmatico sulla misericordia. Ad aprile nel 1939, il Nostro s'incontra personalmente con il primate della Polonia, il cardinale August Hlond,[32] da cui ottiene l'appoggio e il pieno consenso di scriverlo. Infatti, a questo punto il cardinale lo incoraggiò a preparare un trattato teologico con una base teologica solida, che potesse promuovere l'approvazione della Chiesa nella questione del nuovo culto della divina misericordia, e la possibilità di istituire una festa della divina misericordia. Tanto vero che il primate, al nome della Conferenza Episcopale Polacca aveva promosso e presentato la questione alla Congregazione per il Culto Sacro.[33]

L'intenzione di Sopoćko era far arrivare questo trattato, uno dei primi più significativi della sua ricerca teologica, direttamente ai vescovi polacchi e agli altri fuori della Polonia. Il Nostro teologo si era tanto impegnato nel prepararlo, dedicando tante energie e zelo, consultandosi con i vari professori validi in quell'epoca (prof. A.

---

[31]A. M. ERBA, P. GUIDICCI, *La Chiesa nella storia – duemila anni di cristianesimo*, p. 603.
[32] Cardinale August J. Hlond, primate di Polonia (1881-1948). La figura del card. Hlond, direttore e ispettore salesiano, secondo cardinale salesiano e personaggio di grande rilievo della Chiesa polacca di questo secolo, organizzatore della vita ecclesiastica in Polonia, denuncia al mondo le atrocità compiute dai nazisti – a giudizio dello spionaggio fascista avrebbe potuto essere eletto papa alla morte di Pio XI – ma non è molto conosciuto, soprattutto oltre i confini polacchi. S. ZIMNIAK, *Il contributo di don August Hlond allo sviluppo dell'Opera salesiana nella Metteleuropa*, Ed. LAS, Roma 1999.
[33]H. CIERESZKO, *Ksiądz Michał Sopoćko Apostoł Miłosierdzia Bożego* (*Don Michał Sopoćko apostolo della Divina Misericordia*), p. 141.

Wolny, prof. K. Van Oosta),[34] ascoltando attentamente le loro considerazioni e le critiche in merito alla questione del testo. Nel 1940 il trattato scritto in latino *De misericordia Dei deque eiusdem festo istituendo, Tractatus dogmaticus ac liturgicus* è stato portato a termine con un ottimo esito che corrispondeva alle attese di Sopoćko e degli altri interessati e l'ha pubblicato in numerose copie nel 1947.[35] Il testo del trattato, dal quale emerge una base solida teologico - scientifica, con gli argomenti oggettivi a favore del nuovo culto e della nuova festa, arriva in vari continenti e anche in Vaticano. Questa volta Pio XII viene a conoscenza della questione posta nel contenuto del trattato e informa l'arcivescovo di Wilno, tramite il padre generale della Congregazione dei Sacerdoti Mariani, che dopo un certo discernimento, può contare sull'approvazione del nuovo culto e sulla nuova festa della divina misericordia nel territorio dell'arcidiocesi.[36]

In questo capolavoro scritto, Sopoćko esprime anche tutto il suo disappunto per il mondo fallace che si va costruendo in Polonia, quasi prevedendo quello che sta per succedere. Interpreta i bisogni dell'uomo moderno, dopo lo spettacolo - tragedia della guerra, che aspira a ritrovare una sua serenità, invece assiste alla lotta incessante tra materialismo e spiritualismo. Il materialismo, come insegna l'esperienza, conduce la vita umana al baratro della barbarie ed estingue la luce del progresso umano ed è la

---

[34]H. CIERESZKO, *Życie i działalność Księdza Michała Sopoćki (1888-1975). Pełna Biografia apostoła Miłosierdzia Bożego* (*La vita e le opere di don Michał Sopoćko. Intera bibliografia dell'apostolo della Divina misericordia*), pp. 495-498.

[35]*Ibid.*, p. 334.

[36]A. DRAGAN, *Z misją Bożego Miłosierdzia. Szkice z życia bł. ks. Michała Sopoćki*,Wydawnictwo Księży Marianów, Warszawa 2008, pp. 82,83.

causa della povertà interiore degli uomini, come afferma papa Pio XII nell'enciclica *Summi Pontificatus*.

> «Il materialismo appende Gesù alla croce un'altra volta, per cui sono venute le tenebre nel mondo. Il Regno di Cristo, che è verità e vita, è grazia, giustizia, amore e pace».[37]

Nelle prime pagine del trattato, il teologo polacco pone le premesse di tutto lo svolgimento della teologia della misericordia. Infatti, precisa subito i destinatari della divina misericordia, che non sono soltanto quelli pronti a servire Dio, ma anche i lontani da Lui. In tal modo si pone entro il criterio dell'universalità della Chiesa che offre a tutti il dono della Rivelazione. Poi continua:

> «La cultura attuale ha allontanato molti dallo Spirito di Gesù Cristo, perciò occorre ristabilire la centralità del Cristo. La misericordia non è né la compassione né una virtù morale è invece il supremo attributo di Dio, l'essenza Dio, la massima potenza dell'amore di Dio e la relazione stabilita con le creature;[38]la creazione è atto proprio dell'onnipotenza divina, l'opera della misericordia è nella Redenzione».[39]

---

[37]M. SOPOĆKO, *De misericordia Dei deque eiusdem festo istituendo, Tractatus dogmaticus ac liturgicus*, cit., pp. 1-3.
[38]*Ibid.*, cit., p. 5.
[39]*Ibid.*, cit., pp. 9-11.

Più avanti, Sopoćko esamina tutti i passi della professione della fede, soffermandosi sull'incarnazione, l'unione ipostatica, il mistero della Trinità, la carità e la misericordia, come essenza e conoscenza di Dio. Possiamo dunque presentare il Nostro sotto una triplice veste di uomo, di sacerdote e del teologo. Come uomo soffre le alterne vicende economiche della sua famiglia e del suo popolo, costretto a subire privazioni di ogni genere. Come sacerdote, prova la debolezza e l'abbandono, l'incontro e la comunione con Dio, ma soprattutto il bisogno di far sentire la bellezza dell'incontro con Cristo, mostrandolo nella sua infinita misericordia a quelli che non lo conoscevano, lo avevano rifiutato o erano immersi solo nella materia.

> «Dio vuole andare nel profondo dell'uomo attraverso la rivelazione della sua vita interiore faccia a faccia».[40]

Come teologo è uno che non si arrende facilmente nelle ricerche e non si scoraggia nell'avvicinamento al mistero di Dio.

[40] *Dz.*, *q.1*, p. 44.

1.3 La nuova teologia

Per lo sviluppo della teologia, prima di tutto bisogna ritornare *ad fontes*, appunto al *ressourcement*, inteso come una rivisitazione approfondita degli eventi e delle parole della Scrittura, dei Riti della Liturgia, delle Credenze e dei Decreti dei Consigli, dell'insegnamento dei Padri e dei Dottori, non tanto per una comprensione più accurata della storia delle origini cristiane, ma piuttosto, secondo le parole di Congar, per *un ricentramento nella persona di Cristo e nel suo mistero pasquale*, per ottenere una comunione spirituale e intellettuale con il Cristianesimo trasmesso dai classici e infine per ringiovanire il cattolicesimo del XX secolo. Infatti, la ricerca teologica di Sopoćko è in piena sintonia con il pensiero di Gilson e si basa proprio sul ritorno *ad fontes*, al *ressourcement*, alle parole della Sacra Scrittura, ai riti della liturgia, ai Padri della Chiesa, che aiutano ad approfondire e comprendere la visione "rinnovata"di Dio nella sua infinita misericordia.[41]

In questo processo si coglie l'eredità di un filone aperto dell'École Biblique di Gerusalemme di M. J. Lagrange, OP (1890), con il suo incentrarsi sulla critica storica, OP (1890) portato avanti dall'enciclica di Leone XIII *Providentissimus Deus* (1893), con il successivo concentrarsi sullo spirito delle fonti bibliche e liturgiche e con una identificazione del loro significato per noi oggi.[42]

---

[41]M. SOPOĆKO, *Poznajmy Boga w Jego Miłosierdziu*, pp. 7-12.

[42]Da qui deriva anche l'interesse per la patristica, vista come elemento interpretativo di attualizzazione del pensiero scritturale e come ulteriore fonte di studio per il raggiungimento del significato ultimo dei racconti evangelici. Il lavoro assiduo di ripubblicazione dei Padri della Chiesa svolto tramite "Sources Chrétiennes", consiste in una serie di volumi, ciascuno contenente un testo classico patristico accuratamente tradotto in francese e contestualizzato storicamente per mezzo di introduzioni, spesso piuttosto provocatorie. L'idea di fondo era, come affermò Daniélou, quella di, «permettere ad un gran numero di lettori un accesso diretto a quelle fonti sempre traboccanti di vita spirituale e di dottrina teologica

In una tale rilettura si distinse soprattutto uno dei maggiori esponenti della *Nouvelle Théologie*, nonché co-fondatore di "Sources Chrétiennes" (con il menzionato confratello gesuita Daniélou): Henri de Lubac, Professore di Teologia Fondamentale presso l'Università Cattolica di Lione dal 1929 al 1961. De Lubac provò inequivocabilmente, in particolare nei suoi testi *Corpus Mysticum: L'Eucharistie et l'Église au Moyen âge* del 1944 e *Surnaturel*, del 1946 che San Tommaso non aveva introdotto un nuovo metodo teologico così radicalmente diverso da quella dei Padri, ma che la nuova metodologia era stata introdotta in seguito dai commentatori, in particolare da Giovanni di San Tommaso, che può essere considerato il vero padre della moderna teologia scolastica, poi ricalibrata con pesanti dosi di "Suarezianismo" e "Bañezianismo" all'inizio del XX secolo per formare la Neo-Scolastica.

Enormi sono le affinità delle visioni ecclesiologiche. Comune è il superamento di una concezione tendenzialmente naturalistica della Chiesa, come apparato giuridico-organizzativo, connessa alla teologia nazionalistica moderna; comune è la riproposizione dell'immagine di una Chiesa vivente, organismo soprannaturale in cui l'umano inizia ad essere trasfigurato per la presenza del Cristo e dello Spirito.[43]

---

che sono i Padri della Chiesa». Ma quest'amore per la patristica non significò in alcun modo l'abbandono della tomistica, quanto piuttosto una rilettura di San Tommaso che prescindesse dalle rigide categorizzazioni e dai formalismi della irreggimentazione scolastica del pensiero dell'Aquinate; M. D. CHENU, *Aquinas and His Role in Theology*, Michael Glazier Books 2002.

[43]M. VIAU, *La Nouvelle Théologie Pratique*, Le Cerf, Paris 1993, p. 46.

1.4 L'esigenza del rinnovo

L'esigenza e addirittura il desiderio di rinnovare la teologia affascinava costantemente Sopoćko, il quale spesso usava nelle sue *opere* e negli *scritti* questa espressione latina: *accomodate renovationis.*[44]Voleva sottolineare l'importanza urgente del rinnovo e dell'attualizzazione del pensiero teologico, dove ancora dominava la visione di Dio onnipotente e giusto, indebolendo, invece, il concetto di Dio della misericordia che salva l'umanità fragile sommersa dal peccato, suscita la fiducia in colui che confida nel suo perdono senza limiti.[45]

Per tutti i pensatori ricordati, fare teologia significava prima di tutto - fare storia con un approccio distintivo legato all'idea di reinterrogarsi con nuove domande sulla fede e sulle questioni più vive del XX secolo trascurate dalla neo-scolastica. Questa con il suo monolitismo e la sua aura di "pensiero dominante", diventava non tanto un nemico da distruggere, quanto, piuttosto, un ingombrante ostacolo da superare.

Non a caso, in un articolo del 1946 considerato da alcuni un vero e proprio manifesto della "nuova teologia", Jean Daniélou, insegnante gesuita dell'Institut Catholique di Parigi, accusava la neo-scolastica di essere ormai "estranea alle categorie contemporanee", impantanata com'era nel mondo immobile del pensiero greco. In un mondo esistenzialista, essa rimane essenzialista e oggettivista, dimentica della soggettività umana, indurita in categorie incapaci di offrire al popolo di Dio un

[44]*Ibid.*, p. 144.
[45]H. CIERESZKO, *Ksiądz Michał Sopoćko Apostoł Miłosierdzia Bożego* (*Don Michał Sopoćko apostolo della divina misericordia*), Wydawnictwo WAM, Kraków 2004, p. 16.

nutrimento spirituale e dottrinale adatto alla sua vita quotidiana. Si tratta, insomma, di pura speculazione teoretica, separata dall'azione e non coinvolta nella vita che ha ormai fatto il suo tempo.

Il domenicano Marie-Dominique Chenu, invece, aveva denunciato la frammentazione della teologia e il suo distacco non solo dalla pastorale, ma anche dalla spiritualità e dalla storia della salvezza in nome di una vuota speculazione fine a se stessa, che, come già avevano notato Charlier e Draguet, finisce per togliere alla Divinità ogni senso di mistero e di trascendenza.

Proprio l'importanza data alla trascendenza e al mistero insondabile di Dio si riveleranno alcuni dei maggiori tratti distintivi della teologia del *ressourcement*. Per Daniélou, de Lubac, e altri, l'*ethos* esistenziale della metà del XX secolo contribuisce a innescare una riscoperta della dottrina tradizionale della Chiesa in cui Dio è il soggetto Supremo, la Persona per eccellenza, la cui auto-rivelazione nella Scrittura è sì comprensibile, ma mai pienamente.[46]

Sopoćko, facendo la sua teologia della misericordia, in qualche modo assiste gli altri teologi alla voglia di rinnovare, affianca loro anche il suo contributo, sviluppando la nozione di Dio che si auto-rivela nella misericordia.

Enormi sono, infine, le affinità delle visioni ecclesiologiche. Comune è il superamento di una concezione tendenzialmente naturalistica della Chiesa, come apparato giuridico-organizzativo, connessa alla teologia nazionalistica moderna; comune è la riproposizione dell'immagine di una Chiesa vivente, organismo

[46]M. D'AMBROSIO, *Ressourcement Theology, Aggiornamento and the Hermeneutics of Tradition*, in *Communio* 1991.

soprannaturale in cui l'umano inizia ad essere trasfigurato per la presenza del Cristo e dello Spirito.[47]

La *Nouvelle Théologie*, però, venne ampiamente criticata non solo dai più strenui assertori della neo-scolastica, ma anche e soprattutto all'interno delle cerchie conservatrici vaticane, che vedevano nel nuovo approccio una possibile rinascita del modernismo.[48]

Probabilmente l'attacco più duro, soprattutto perché da fonte più autorevole, venne da Papa Pio XII con la sua enciclica *Humani Generis*. Nel descrivere lo sviluppo di errate dottrine nella Chiesa cattolica dopo la II Guerra Mondiale, l'enciclica non menziona mai nomi specifici, né accusa persone o organizzazioni determinate, ma l'obiettivo dell'attacco risulta molto chiaro. La *Nouvelle Theologie* in Francia e in altri Paesi veniva sempre più percepita come la dottrina cattolica relativista che, partita dal Tomismo tradizionale, si era andata associando alle tendenze più radicali dell'analisi storica ed aveva finito per mescolare alla teologia nuovi assiomi filosofici, provenienti dall'esistenzialismo o dal positivismo.

Pio XII mostrava, pur nel suo conservatorismo dogmatico, una certa simpatia per la necessità di aggiornare e modernizzare la dottrina ecclesiastica, però non poteva assolutamente permettere che alcuna ombra di relativismo filosofico modernista potesse anche solo sfiorare la dottrina teologica, perciò scrive, al capitolo terzo

---

[47]M. VIAU, *La Nouvelle Théologie Pratique*, Le Cerf, Paris 1993, p. 46.
[48]R. GIBELLINI, *La Teologia del XX Secolo*, p. 201.

dell'enciclica, una delle pagine più forti a favore del neotomismo, che, per essere pienamente compresa, deve essere riportata quasi integralmente:

> «Qualsiasi verità la mente umana con sincera ricerca ha potuto scoprire, non può essere in contrasto con la verità già acquisita; perché Dio, Somma Verità, ha creato e regge l'intelletto umano non affinché alle verità rettamente acquisite ogni giorno esso ne contrapponga altre nuove; ma affinché, rimossi gli errori che eventualmente vi si fossero insinuati, aggiunga verità a verità nel medesimo ordine e con la medesima organicità con cui vediamo costituita la natura stessa delle cose da cui la verità si attinge. Per tale ragione il cristiano, sia egli filosofo o teologo, non abbraccia con precipitazione e leggerezza tutte le novità che ogni giorno vengono escogitate, ma le deve esaminare con la massima diligenza e le deve porre su una giusta bilancia per non perdere la verità già conquistata o corromperla, certamente con pericolo e danno della fede stessa».[49]

Ed è evidente che il papa si appella ai "ribelli," ordinando non di abbattere, ma giustamente di costruire. Egli chiede di non trascurare, rifiutare o svalutare tante e così grandi risorse, come quelle della Scolastica, concepite, espresse e perfezionate nel corso dei secoli, per appellarsi a ideologie, che egli ritiene solo contingenti. Naturalmente, questo era un colpo abbastanza duro per la *Nouvelle Theologie*, sia sul

---

[49]Cf. PIO XII, *Humani Generis*, Editrice Vaticana, Città del Vaticano 1950, p. 13.

piano ideologico che su quello prettamente teologico,[50] ma l'effetto durava relativamente poco.

Con l'elezione pontificia di Giovanni XXIII, invece, tutto il gruppo dei neo-teologi venne non solo riabilitato, ma divenne uno dei maggiori nuclei propulsivi del Concilio Vaticano II. De Lubac era primo consulente della Commissione Teologica preparatoria e poi, sotto Paolo VI, "peritus" conciliare. Daniélou era esperto conciliare sotto Giovanni XXII, mentre praticamente tutti gli altri furono nominati Cardinali[51] e, addirittura, uno dei più giovani esponenti tedeschi della scuola dei "Nouveaux", Joseph Ratzinger, oggi è Sommo Pontefice.[52]

A questo punto vale la pena riportare alcuni pensieri di Sopoćko scritti in occasione della conclusione solenne del Concilio Vaticano II.

> «Finalmente iniziamo il nuovo capitolo nella storia della Chiesa realizzando *accomodate renovationis*. Penso che sia opportuno per capire meglio il significato del rinnovo e che il vero rinnovamento inizia proprio da se stesso. Dobbiamo essere più umili e prepararci alle nuove sfide e alle nuove sofferenze sull'esempio di Cristo. Nella nuova epoca storica della Chiesa, appena iniziata, lasciamo lo spazio all'azione dello Spirito Santo».[53]

[50]Si è citato il caso di de Lubac, ma la stessa sorte, con il divieto all'insegnamento, toccò a Congar e a Chenu, il cui testo *Le Saulchoir: Une École de la Théologie* venne messo nell'*Index Librorum Prohibitorum* già dal 1942 da Pio XII.

[51]Incluso Von Balthasar, rarissimo caso di Cardinale laico.

[52]Ciò non significa, però, che le loro strade siano rimaste a lungo unite: subito dopo il Concilio, infatti, il movimento si divise in due campi legati alle sue ali destra e sinistra e divisi sull'interpretazione e l'attuazione del Concilio stesso, con Rahner, Congar e Chenu che, con Schillebeeckx e Küng, fondarono la rivista teologica progressista "Concilium" nel 1965, e de Lubac, Balthasar, Ratzinger che furono fondatori della rivista teologica moderata "Communio" nel 1972. H.U. VON BALTHASAR, *The Theology of Henri De Lubac: An Overview*, Communio Books 1991.

[53]M. SOPOĆKO, *Błogosławiony Ksiądz Michał Sopoćko – Dziennik*, cit., p. 144.

1.5 Il tema della misericordia di Dio nella manualistica

Sfogliando le pagine dei diversi manuali di fine XIX e inizio XX secolo, il tema della misericordia di Dio non è sicuramente centrale, pertanto scarsamente approfondito. Esso non viene proposto come una questione o un discorso teologico da analizzare e la parola misericordia difficilmente appare nell'indice analitico dei manuali di quel periodo. Troviamo, invece, alcune espressioni inerenti alla natura di Dio come:

> «Viscera indutus misericordiae Christi Jesu,[54] visione Dei, quia beatitudo formalis est prima assecutio Summi Boni;[55] quia Deus bonus est, nos sumus,[56]Deus enim summe amabilis est non solum propter infinitam omnium perfectionum plenitudinem, sed etiam proter quamcumque aliam perfectionem, puta potentiam, sapientiam, iustitiam, benignitatem, miseriricordiam».[57]

Anche perché, sostanzialmente, dall'inizio del XIX secolo, una corrente di pensiero risultava non solo dominante, ma addirittura completamente egemonica in ambito cristiano: quella del "neo-scolasticismo". Inaugurata e sviluppata da scrittori come Sanseverino, Cornoldi, Gonzalez, Kleutgen e Dormet de Vorges e solennemente

[54]Cf. J. GAUMA, *Przewodnik dla spowiedników – I vol.* (*La guida per i confessori*), Druk. J. Zawadzki, Wilno 1873, p. 10.
[55]Cf. A. TANQUEREY, *Synopsis Theologiae Dogmaticae – De Deo Sanctificante et Remuneratore seu de Gratia, de Sacramentis et de* Novissimi, Desclée, Paris 1929, p. 786
[56]Cf. H. NOLDIN - A. SCHMITT, *De principalis theologiae moralis*, Ed. XXII, O.T.S. Fel. Ruach, Roma 1934, p. 18.
[57]Cf. H. NOLDIN, *De sacramentis*, p. 255.

approvata e incoraggiata da Pio IX in varie lettere, la "neo-scolastica" mirava a ripristinare le dottrine fondamentali della Scolastica del XIII secolo, sostenendo che le verità filosofiche non variavano con la storia e se i grandi pensatori medievali, da Tommaso d'Aquino a Bonaventura e Duns Scotus, erano riusciti a costruire un sistema filosofico sui dati forniti dai filosofi greci, in particolare da Aristotele, doveva essere possibile, ai nostri giorni, poter accogliere le verità contenute nella speculazione medievale.

Infatti, tali verità riguardavano in particolare tre ambiti:

- Dio, visto come atto puro e la perfezione assoluta, diverso da ogni cosa finita, con la sua conoscenza infinita dell'esistente e del possibile, la sua intatta capacità generativa e conservativa del tutto universale;

- il mondo materiale, formato da sostanze fisse, determinate ed immutabili nel tempo e da accidenti che non scalfiscono minimamente le realtà sostanziali, in un quadro in cui ogni mutamento e ogni forma del divenire non è altro che un passaggio apparente dall'ontologia "in potenza" all'ontologia "in atto". Conseguentemente tutto ciò che è effettivamente nel "qui e ora" esisteva potenzialmente fin dall'inizio;

- l'essere umano, formato da materia (il corpo) e forma (l'anima), che conosce la realtà attraverso i sensi, la rielabora attraverso l'intelletto attivo, portando il singolare all'universale (partendo dal singolo oggetto per arrivare al concetto di quell'oggetto) e, tramite la conoscenza, sviluppa i propri appetiti sensoriali o intellettuali, nella formazione dei quali è libero, pur essendo, come ogni altro essere, moralmente obbligato al tentativo di raggiungimento di un fine ultimo, dato dalla conoscenza di Dio.

Il programma neo-scolastico non prevedeva l'approfondimento del concetto di Dio misericordioso, ma l'adattamento di tali concetti medievali alle moderne esigenze intellettuali, tramite il rifiuto delle nozioni false ed inutili (in particolare fisiche astronomiche), la gerarchizzazione dei concetti accettabili, lo studio approfondito e non vincolato della Scolastica originale. In tal modo era possibile trovarne i nessi capaci non solo di confutare dialetticamente il kantismo, il positivismo e le tendenze speculative moderne, ma anche le scoperte scientifiche più recenti.

Proprio attraverso il confronto dialettico con il pensiero moderno, la neo-scolastica si trovava ad affrontare problemi sconosciuti al mondo medievale a cui facevano riferimento sia gli attacchi alla sua metafisica portati da Hume, Kant e Comte, sia le accuse di Spencer contro le prove classiche sull'esistenza di Dio. L'insufficienza degli assunti tradizionali in campo fisico e cosmologico sottolineavano la necessità di dimostrare la sussistenza della apparente dualità corpo-anima contro lo spiritualismo cartesiano o il materialismo positivista. È in quest'ottica che la neo-scolastica stava mutando radicalmente il proprio metodo di lavoro, passando dal deduttivismo tomista all'induttivismo sincretico. Restava pur sempre in un'ottica difensiva rispetto al "nuovo", alla centralità del "pensiero progressivo", che pervadeva la sua epoca, ponendosi per certi versi sulla stessa linea di una Chiesa, che statuiva come centrale la difesa della Tradizione contro gli attacchi del "Modernismo" imperante.

Non è, allora, un caso che sia stato proprio un'enciclica del Papa, quell'*Aeterni Patris* di Leone XIII del 4 agosto 1879, a dare alla neo-scolastica il suo carattere definitivo e ad accelerarne lo sviluppo, in un'ottica in cui si chiede la fusione di "principi universali e immutabili", con la sintesi delle nuove conoscenze in continuo progresso.

Risulta chiaro, da quanto visto, che la neo-scolastica non può essere definita di per sé una filosofia teologica prettamente "passatista", ma bisogna tenere conto del contesto in cui, a partire dal primo dopoguerra, si trova ad operare.

In particolare, gli anni Trenta e Cinquanta segnano un momento di crisi e di cambiamento, ben avvertito dal Nostro teologo polacco,[58] e che interessava ogni aspetto della società europea. Durante questo tumultuoso periodo di transizione, all'interno della Chiesa, anche sulla scia d'impostazioni intellettuali iniziate nei decenni precedenti, come quelle della filosofia di Blondel o del rinnovamento teologico nella linea di Maréchal o di Maritain, si cercò di rispondere alla sfida presentata dalla recente secolarizzazione della società, a cui la neo-scolastica non sembrava preparata.[59]

Comune denominatore di quanti sentono tale esigenza pressante è quello di voler "rinnovare la teologia", dopo la crisi modernista, cercando di superare la dialettica storia-dogma, attraverso un dialogo con la scienza, in continuità con la teologia classica. La prima reazione ecclesiastica nei confronti di questi tentativi era piuttosto negativa, li considerò "semimodernisti", tendenti al relativismo filosofico e dogmatico

[58]M. SOPOĆKO, *Błogosławiony Ksiądz Michał Sopoćko – Dziennik* (*Beato don Michele Sopoćko – Diario*), q. III, p. 185.
[59]J. RICABY, *Scholasticism*, Biblio Bazaar 2009, p. 100.

ed al soggettivismo in nome della esperienza religiosa. Persino l'appellativo "Nouvelle Théologie", con cui di norma si tende a definire una corrente per altro ben poco unitaria, nasce, come riportato da Gibellini nel suo scritto *La teologia del XX secolo*, dall'espressione dispregiativa utilizzata dal commentatore Pietro Perente sul *L'Osservatore Romano*, in occasione dell'inserzione di alcuni libri di Chenu e di Charlier nell'indice dei libri proibiti.[60]

Come appena abbiamo notato, lo sviluppo o l'approfondimento del tema di misericordia nella manualistica (fine XIX e inizio XX sec.) è assente. Sopoćko, però, non si arrendeva ma si serviva della situazione teologica e ancora di più si convinceva della necessità del "rinnovo". Il suo impegno nella ricerca scientifica, ciò che vedremo più avanti, aiuta e stimola innanzitutto ad amplificare il discorso sul concetto di Dio misericordioso e pone l'accento sulla centralità del tema importante.

---

[60] H. BOERSMA, *Nouvelle Theologie and Sacramental Ontology: A Return to Mystery*, Oxford University Press 2009.

2. *EXCURSUS*: “GLI INCONTRI” PIÙ INCISIVI PER LA TEOLOGIA DELLA MISERICORDIA CON I GRANDI MAESTRI DELLA FILOSOFIA E DELLA TEOLOGIA

Don Michele Sopoćko, durante gli anni universitari della formazione intellettuale e spirituale, approfondiva gli studi di molti filosofi e teologi importanti. Contemporaneamente viveva diverse esperienze, alcune dolorose, altre gratificanti. Fu vittima dell’occupazione nazista e costretto a nascondersi presso le Suore Orsoline a Czarny Bór (1942-44), dove aveva molto tempo a disposizione per riflettere.[61] Allora ricercò nuove categorie del pensiero teologico, scoprì itinerari metodologici sconosciuti, tese instancabilmente verso l’orizzonte della misericordia di Dio.

> «Già da due settimane mi sono trovato in disparte, secondo la volontà di Dio, vicino alla natura - il libro vivente - dal quale sto leggendo e lodando l’infinita misericordia di Dio;[62]scrive il beato Michele.

A questo punto ci sforzeremo di vedere il Nostro “passeggiare” in tutte queste ampie *opere* dei “grandi maestri” della filosofia e della teologia. Vedremo da vicino alcuni incontri più significativi che lo hanno illuminato, che rappresentano altrettante

[61]H. CIERESZKO, *Życie i działalność Księdza Michała Sopoćki (1888-1975). Pełna Biografia apostoła Miłosierdzia Bożego* (*La vita e le opere di don Michał Sopoćko. Intera bibliografia dell’apostolo della divina misericordia*), Wydawnictwo WAM, Kraków 2006, p. 309.
[62]Cf. M. SOPOĆKO, *Dar Miłosierdzia - listy z Czarnego Boru* (*Il dono della misericordia – le lettere da Czarny Bór*), Edycja św. Pawła, Częstochawa 2008, p. 13.

tappe incancellabili del suo cammino intellettuale e spirituale, segnato dal desiderio di trovare nuovi strumenti di pensiero sulla misericordia di Dio.

In questo senso, senza volerci limitare a seguire la linea cronologica della biografia dell'autore e senza pretendere di esaminare in modo completo ogni particolare a riguardo, ci occuperemo soprattutto di quei passi fondamentali della teologia dogmatica di Sopoćko in linea storica - analitica, "gli incontri" che gli hanno aperto i nuovi orizzonti metodologici ed esperienziali e che hanno dato così un valido contributo alla ricerca di "nuove categorie" del pensiero e della vita sul tema in questione, e della costruzione di quella che egli chiamò: «l'originale metodo della misericordia di Dio come modello esemplare dell'apostolato».[63]

[63]Sopoćko intende la sequela di Dio ricco di misericordia nei confronti delle persone dedite all'azione dell'apostolato. La misericordia si doveva dimostrare concretamente nel rispetto reciproco delle differenze religiose, della libertà altrui e nell'identificazione delle cause principali dell'incredulità, cioè nella vita concreta. Di fronte ad una persona che si è allontanata da Dio e che ha peccato, non si può imporle solo il peso morale della colpa, ma bisogna aiutarla ad incontrare Dio, sempre pronto al perdono e a donare la Grazia in abbondanza: M. SOPOĆKO, *Projekt Konstytucji Miłosierdzia Bożego*, dattiloscritto, AKAB, VII 9.

2.1 L'incontro con sant'Agostino

Il primo "incontro" di Sopoćko con sant'Agostino avviene già nel 1910 durante gli studi al Seminario Maggiore di Wilno, poi lo approfondisce meglio in occasione della preparazione del suo primo trattato di dogmatica in latino, pubblicato nel 1940: *De misericordia Dei.* Il Nostro, uomo di vasta cultura, elaborando il concetto di misericordia, consultava in continuazione le opere ed i trattati di sant'Agostino. Il suo pensiero teologico più maturo si presenta proprio nell'ottica delle idee di Agostino, sia nei testi dogmatici,[64] che negli articoli, nelle conferenze teologiche,[65] nel *Diario*[66] e nelle omelie.[67]

Un primo elemento da evidenziare in questo incontro, è la scoperta del rapporto tra ricerca di Dio e dottrina trinitaria in sant'Agostino. Sopoćko era convinto che non si potesse comprendere la dottrina sulla Trinità in sant'Agostino, senza contestualizzare il senso della sua ricerca del Dio di Cristo Gesù, pena il ridurre la dottrina trinitaria ad aride formule tecniche astratte. Il Nostro scopre che il principio architettonico della teologia di Agostino va individuato nel *cristocentrismo.* Il *Cristus totus*, come mistero di salvezza che si rivela a noi nell'umiliazione storica, apre la

---

[64]M. SOPOĆKO, *Miłosierdzie Boże nadzieją ludzkości*, Wrocław 1948, pp. 8,9; *Miłosierdzie Boże jedyna nadzieja ludzkości*, Londra 1949, pp. 10,11.

[65]H. CIERESZKO, *Ksiądz Michał Sopoćko Apostoł Miłosierdzia Bożego*, Wydawnictwo WAM, Kraków 2004, p. 15.

[66]M. SOPOĆKO, *Błogosławiony Ksiądz Michał Sopoćko – Dziennik* (*Beato don Michele Sopoćko – Diario*), pp. 269,270.

[67]M. SOPOĆKO, *Kazania o Miłosierdziu Bożym* (*Le omelie sulla misericordia di Dio*), Kuria Metropolitalna Białostocka, Białystok 2008, p. 71.

strada al Dio trinitario: «Il mistero della Trinità può essere dischiuso solo a partire dal *sacramentum Cristi*.[68]

Un secondo elemento da sottolineare è la svolta di un'operazione della conoscenza di Dio connessa alla ragione, con sottofondo la dottrina agostiniana che troviamo nell'opera intitolata *Conosceremo Dio nella Sua misericordia* (1949).

> «Dopo il peccato originale, la ragione imperfetta difficilmente comprende la verità, in particolare la suprema verità su Dio»[69] - scrive il Nostro.

A questo punto, Sopoćko, prende in considerazione il discorso dell'intelligibilità, reso evidente attraverso tre *principi*, che l'Ipponate aveva elaborato progressivamente nella sua riflessione:

- la contingenza del mondo e del tempo,
- l'affermazione della partecipazione analogica tra eterno creante e il contingente creato,
- e infine l'affermazione del tempo della coscienza dell'uomo o, con altro termine, della successione.[70]

Nel *primo principio*, si accorge che Agostino riflette sul fondamento metafisico della storia, il quale chiarisce la controversia nei confronti dei manichei e della loro concezione del mondo. Contrapponendosi a questi ultimi, il Vescovo di Ippona afferma

[68]B. STUDER, *Dio salvatore*, p. 239.
[69]M. SOPOĆKO, *Poznajmy Boga w Jego Miłosierdziu*, p. 17.
[70]M. F. SCIACCA, *Il concetto di storia in S. Agostino, L'itinerario della mente*, La Scuola, Brescia 1954, pp. 18,19.

ex nihilo, e, occupandosi del problema delle origini, giunge a precisare che il mondo esiste per un atto volontario di Dio che lo ha creato, dunque, l'esistenza del mondo, di tutto ciò che è, è esistenza delle creature e del contingente. Questo, però, consente ad Agostino di poter affermare che il mondo, in quanto contingente, ha una storia, a differenza di un mondo che, pensato *ad eterno*, ne sarebbe privo.[71] Infatti, un mondo concepito come eterno non solo sarebbe contrario al dato della Rivelazione, ma verrebbe pure a mettere in discussione la verità dei singoli fatti che si susseguono, cioè la storia, in quanto essa sarebbe in sé immutabile, estranea e lontana da essi. Tale situazione determinerebbe, così, la negazione della storia perché l'eternità del mondo confinerebbe i fatti nell'ordine della contingenza di essere un non-senso.[72]

Sopoćko evidenzia un terzo elemento quando affronta il discorso sulla conoscenza di Dio e lo inquadra nella prospettiva di Cristo, riferendosi al pensiero di Agostino. Infatti, Egli è la verità dell'uomo, in lui si può conoscere l'unico vero volto di Dio. Il teologo polacco nel primo volume della sua opera più celebre; *Misericordia di Dio nelle Sue opere* (1959), "insieme a sant'Agostino", sostiene che:

> «la ragione possiede la capacità di conoscere Dio come suprema Verità. Conoscere Dio è il risultato della collaborazione tra Dio e l'uomo.[73] Dio versa la

[71]P. SGUAZZARDO, *Sant'Agostino e la teologia trinitaria del XX secolo*, Città Nuova, Roma 2006, p. 199.
[72]La discussione di questo aspetto del pensiero di Agostino è evidentemente complessa. Le dinamiche che sono messe in gioco riguardano non solo il concetto di contingenza, ma anche di essere eterno, divenire e perpetuità. Il presente lavoro non ci consente di poter riflettere ulteriomente su questi temi. Rimandiamo alla loro formulazione in SCIACCA, *Il concetto di storia in S. Agostino*, cit., p. 190. «Ammettendo l'atto volontario di Dio che crea il mondo, questo appare come un grande fatto contingente, un complesso di fatti contingenti; e la storia è così posta nel suo fondamento metafisico che è la contingenza»; A. AMARI, *Il concetto di storia in S. Agostino*, cit., p.19,
[73]M. SOPOĆKO, *Miłosierdzie Boga w dziełach Jego – vol. I*, cit., p. 86.

grazia di fede già nel battesimo, però da parte dell'uomo deve sussistere la vera collaborazione con la grazia. Il battesimo è stato per me come un bacio, con il quale Dio mi ha fatto diventare suo figlio adottivo»[74]- dice Sopoćko in una delle riflessioni del *Diario* scritto da adulto.

Grazie ad Agostino, il Nostro, comprende che Dio concede il dono della sapienza a chi collabora con la grazia, dono necessario per raggiungere con l'amore la perfezione, la santità e anche la migliore conoscenza di Dio. Grazie a quel dono gli "eletti" camminano sempre nella sua presenza, evitando il peccato. Il dono di conoscere Dio ha concesso lo Spirito Santo agli apostoli nella sua discesa nel Cenacolo. Normalmente Dio non concede questo dono senza la nostra collaborazione e la preparazione tramite la preghiera costante, la purezza della vita e la meditazione quotidiana.[75]

> «Voglio e desidero ardentemente conoscerti, o Dio. Sarò tanto vigile per difendere la purezza dei miei pensieri, delle mie parole e delle mie opere, mediterò ogni giorno e pregherò: Kyrie eleison! Christe eleison! Dammi Gesù, lo spirito della saggezza, per conoscere Dio e per ottenere la vita eterna»;[76]

[74]Cf. M. SOPOĆKO, *Błogosławiony Ksiądz Michał Sopoćko – Dziennik* (*Beato don Michele Sopoćko – Diario*), q. II, p. 66.
[75]M. SOPOĆKO, *Wychowanie chrześcijańskie w ujęciu księdza Michała Sopoćki* (*L'educazione cattolica nell'ottica di don Michele Sopoćko*), Rocznik Teologii Katolickiej, UwB 4(2005), pp. 59-98.
[76]*Ibid.*, cit., pp. 20,21.

scrive Sopoćko terminando una delle sue riflessioni teologiche.

Il quarto elemento importante riguarda la ragione che presenta e indica Dio alla nostra volontà come suprema e infinita bontà, la quale per sua natura tende a riversarsi sull'uomo. In questa sua Bontà, Dio Padre, conoscendosi, genera suo Figlio. Con il Figlio, insieme al Padre, nel reciproco amore, rivela lo Spirito Santo. Lo Spirito Santo, in altre parole, manifesta Dio come comunione essenziale, condivisione, fare spazio all'altro. Dio si può conoscere attraverso la Rivelazione, il reciproco donarsi eternamente", si dona alle creature più ampiamente, le fa uscire dalla loro miseria, *ex nihilo* (mancanza dell'esistenza difronte all'atto della creazione). Dio compie l'atto creativo volontarimente senza nessun dovere, esclusivamente nella sua misericordia. Per questo motivo Dio crea il mondo, evidenziando meglio l'atto della creazione e suscitando nell'uomo il desiderio naturale di amore di Dio, che non solo ha creato il mondo, ma lo sorregge nell'esistenza, conducendolo alla destinazione giusta.[77]

> «Dio dimostra la sua misericordia già nell'atto della creazione dell'uomo, e quando egli commette il peccato, dimostra ancora più grande misericordia salvandolo per il sangue del suo Figlio; scrive il teologo polacco».[78]

---

[77]M. SOPOĆKO, *Miłosierdzie Boga w dziełach Jego - vol. I*, p. 22.

[78]Cf. M. SOPOĆKO, *Miłosierdzie Boże nadzieją ludzkości*, Wrocław 1948, pp. 8,9; *Misericordia Divina unica speranza per il genere umano*, Cordoba 1951, p. 9; *Miłosierdzie Boże jedyna nadzieja ludzkości,* Londra 1949, pp. 10,11; Papa Benedetto XVI nella sua cattechesi *del mercoledì*, su questo tema, iniziando un percorso biblico dal capitolo 18 del *Libro della Genesi* dove si narra che la malvagità degli abitanti di Sodoma e Gomorra era giunta al culmine, evidenzia l'importanza della scoperta della misericordia di Dio. «Con la sua supplica, Abramo sta prestando la propria voce, ma anche il proprio cuore, alla volontà divina: il desiderio di Dio è misericordia, amore e volontà di salvezza, e questo desiderio di Dio ha trovato in Abramo e nella sua preghiera la possibilità di manifestarsi in modo concreto all'interno della storia degli uomini, per essere presente dove c'è bisogno di grazia. Con la voce della sua preghiera, Abramo sta

Agostino non si preoccupa di distinguere i piani della ricerca, sebbene non escluda una certa conoscenza razionale di Dio; Dio, però, è sempre il Dio di Gesù Cristo. Comunque resta alquanto difficile stabilire in lui quanto l'intelligenza preceda la fede o quanto la segua.

«Essa la precede quando il pensiero ritorna su se stesso e scopre la sua struttura interiore, l'ordine delle sue attività. D'altronde la fede non può precedere del tutto la ragione, poiché aderiamo ad essa dal momento in cui ci appare ragionevole».[79]

Per Sopoćko, l'uomo è capace di comprendere con la ragione l'esistenza di Dio, ma solo con essa, non è in grado comprendere la vita interiore di Dio, neppure il fine ultimo della propria vita, se non attraverso Gesù Cristo che si è rivelato con serietà e autorità.

«Certo voi mi conoscete e sapete di dove sono. Eppure io non sono venuto da me e chi mi ha mandato è veritiero, e voi non lo conoscete. Io lo conosco, perché vengo da lui ed egli mi ha mandato» (Gv 7, 28-29).

---

dando voce al desiderio di Dio, che non è quello di distruggere, ma di salvare Sodoma, di dare vita al peccatore convertito. È questo che il Signore vuole, e il suo dialogo con Abramo è una prolungata e inequivocabile manifestazione del suo amore misericordioso; BENEDETTO XVI, *UDIENZA GENERALE - Piazza San Pietro Mercoledì, 18 maggio 2011*, L.E.V., Città del Vaticano 2011.

[79]Cf. P. GILBERT, *Introduzione alla teologia medioevale*, Piemme, Casale Monferrato 1992, p. 59.

Secondo il pensiero del Nostro, la conoscenza di Dio non può essere né limitata, né concentrata soltanto nell'elaborazione della ragione, perché il conoscere abbraccia la volontà, stimola all'amore e converge tutta la vita a tutto ciò che a Lui piace.[80]

Un quinto e ultimo elemento dell'incontro, è quando il Nostro elabora il concetto del mistero della santissima Trinità e quello della persona evidenziati nell'opera; *Conosceremo Dio nella Sua misericordia* (1949). Il punto di partenza è il termine Dio in persona e la relazione tra le persone: "l'Amante, l'Amato e l'Amore".[81] Il teologo vede in sant'Agostino l'appoggio notevole e decide di esaminare le vie privilegiate per accedere a Dio. La via *ordinis,*[82] *partecipationis,*[83] *veritatis,*[84] che conduce alla contemplazione della Verità, non esaurisce il mistero, non lo cattura. Quando il Nostro trova nel *De Trinitate* un elenco dei dodici attributi, che lo spirito umano può dare a Dio e che vengono riletti nell'attributo degli attributi, cioè quello della *immutabilità* o *eternità,*[85] nota che essi non esauriscono la natura stessa di Dio[86] e che non si tratta di una sostanza astratta, un'immobilità statica; insieme ad Agostino

[80]M. SOPOĆKO, *Błogosławiony Ksiądz Michał Sopoćko – Dziennik* (*Beato don Michele Sopoćko – Diario*), p. 159.
[81]M. SOPOĆKO, *Poznajmy Boga w Jego Miłosierdziu*, p. 52.
[82]AGOSTINO, *De libero arbitro*, 2, 16, 42-43; *In Joannem*, 2. Ser 141.
[83]AGOSTINO, *De Trinitate*, 8, 3, 4-5.
[84]AGOSTINO, *Seremo* 141, 2; *De vera religione*, 39, 72; M. SOPOĆKO in H. CIERESZKO, *Ksiądz Michał Sopoćko profesor, wychowawca i ojciec duchowny alumnów i kapłanów*, Kuria Metropolitalna Białostocka, Białystok 2008, p. 115. La vita dell'interiorità che ricerca la verità è quella forse più cara a S. Agostino e a Sopoćko, tante volte sottolineata nelle sue conferenze e nelle lettere; M. SOPOĆKO, *Dar Miłosierdzia - listy z Czarnego Boru* (*Il dono della misericordia – le lettere da Czarny Bór*), Edycja św. Pawła, Częstochawa 2008.
[85]AGOSTINO, *De Trinitate*, 5, 1, 2-3.
[86]M. SOPOĆKO, *Poznajmy Boga w Jego Miłosierdziu* (*Conosceremo Dio nella Sua misericordia*), Wyd.awnictwo Pallottinum, Poznań (trad. in inglese, francese, tedesco, italiano, spagnolo, lituano) 1949, p. 25.

sostiene che non bisogna attribuire l'immutabilità all'essere, ma vedere l'essere nell'ordine dell'immutabilità.[87]

Nel concetto della santissima Trinità, Sopoćko vede l'unicità della persona,[88]due nature del Verbo incarnato, come principio di unità e di totalità.[89]

Sant'Agostino, invece, sempre ha avuto un atteggiamento di circospezione riguardo al termine "persona" e alla sua applicazione alla Trinità.[90]

L'amore è la regina di tutte virtù, l'essenza e il riassunto della nostra bontà; sant'Agostino, afferma una cosa coraggiosa: "Ama e fa' ciò che vuoi". E continua:

---

[87]M. SOPOĆKO, *Miłosierdzie Boga w dziełach Jego - vol. I*, pp. 54-57; E. GILSON, *Introduction à l'ètude de Saint Augustin*, Paris 1949, p. 11.

[88]La teologia della misericordia di Sopoćko, invece si confronta anche con gli altri, magari incontrati in maniera non diretta. Secondo Max Scheler (1874-1928), la persona è l'unità concreta dell'essere nei suoi atti, ed essa raggiunge il suo valore supremo nell'amore di altre persone, cioè nella condivisione del vissuto dell'altro. Questa intersoggettività aiuta, infatti, la persona a giungere all'obiettività su se stessa. Karol Wojtyła, discepolo di Scheler, vede il proprio della persona nel tessuto delle relazioni di comunione (*Teilhabe*) con altri, e la perfezione della persona negli atti di comunione del vissuto. Parimenti, per Martin Buber, la verità ultima dell'umano si trova nella relazione «Io-Tu». In sintesi: la veduta immobilista e ontologista della persona non è conforme all'esperienza moderna, né ai suoi modi d'investigazione, che vedono la persona, non come l'essere distinto, ma come l'essere-verso. Il riconoscere Dio in quanto persona, implica necessariamente che bisogna riconoscerlo come relazione, come loquela, come ubertosità. *L'elemento assolutamente unico, privo di relazioni e refrattario a qualsiasi rapporto, non potrebbe mai essere una persona.* Non esiste persona come entità singola a sé stante. Lo si deduce dalle parole stesse da cui è nato il concetto di "persona", ove balza subito in primo piano: il termine greco "*prosopon*" significa letteralmente "sguardo", che, unito alla particella "pros" (= verso), include la correlazione come qualcosa di costitutivo. Lo stesso fenomeno si rileva dal termine latino "persona": il "suonare attraverso"; anche qui, la preposizione "per" (= attraverso, in mezzo) esprime correlazione, stavolta intesa come rapporto d'intesa verbale. Per dirla in altro modo: se l'Assoluto è una persona, non è affatto un'entità isolata da tutto il resto; sicché il superamento del singolare risulta necessariamente incluso nel concetto di persona; J. RATZINGER, *Foi chrétienne hier et aujourd'hui*, pp. 113-114; SAN TOMMASO, I, q. 28, a 2; J. RATZINGER *Introduzione al Cristianesimo*, 1969, Queriniana, Brescia, nuova ed. 2000, pp. 136-137.

[89]M. SOPOĆKO, *Miłosierdzie Boga w dziełach Jego - vol. I*, p. 50; M. SOPOĆKO, *Błogosławiony Ksiądz Michał Sopoćko – Dziennik*, p. 163.

[90]È vero che egli impiega maggiormente il termine persona nella teologia trinitaria che non nella cristologia, ma è altrettanto vero che in Agostino il termine persona non si applica bene alla Trinità. La motivazione è nota. Agostino ritiene il termine persona un termine assoluto predicato dell'individuo, nella sua singolarità e interiorità, come può attribuirsi compiutamente a Dio-Trinità dove tutto è relazione, reciprocità, interscambio? *Persona* dice riferimento alla sostanza e non alla relazione; in fondo il ragionamento di Agostino è semplice: se persona è «substantia individua», come può esprimere l'idea di *relazionalità* tipica dei Tre della Trinità? Qualcuno ritiene che s. Agostino non sia «del tutto innocente della solitudine di quel *cogito* che il pensiero moderno riterrà costitutivo della *persona umana*»; A. MILANO, *La Trinità dei teologi e dei filosofi; l'intelligenza della persona in Dio*, in PAVAN-MILANO, *Persona e personalismi*, p. 48.

«Sia che tu taccia, taci per amore; sia che tu parli, parli per amore; sia che tu corregga, correggi per amore; sia che perdoni, perdoni per amore; vi sia in te la radice dell'amore, poiché da questa radice non può procedere se non il bene (7,8: PL 35)». Il Padre è l'eterna sorgente dell'Amore, è colui che inizia da sempre ad amare, il principio senza principio dell'amore, la gratuità dell'amore. Dio non si stancherà mai di amarci, perché non ci ama per i nostri meriti, ma perché da sempre ha iniziato ad amare e per sempre continuerà ad amare. Dio Padre è la sorgente senza fine dell'Amore».[91]

Per il Nostro, infatti, chi è guidato dall'amore, chi vive la carità pienamente è guidato da Dio, perché Dio è amore.[92]

Quello che apparve davvero straordinario per Sopoćko, a seguito di questo incontro, è la convinzione che il cristianesimo ha contribuito alla formulazione della dottrina dell'uomo come *persona nella società*[93] anche attraverso le definizioni trinitarie e cristologiche, non solo nei momenti definitori come i concili, ma attraverso il lungo crogiuolo delle dispute e delle controversie senza fine, nella chiarificazione dei concetti che vengono elaborati anche tramite questo "incontro con il grande maestro"che si chiarisce nel tempo. Ciò che apparentemente potrebbe sembrare a taluni sterile dibattito, spesso polemico, su termini greci quali *ousia, phisis, hypostasis, prosopon*, o latini come *natura, substantia, essentia, esse subsistens, substantia*

[91]A. MARANGON, R. FABRIS, R. PENNA, *Trinità – storia eterna dell'amore,* Ed. San Paolo, Milano 1996. pp. 17, 18.
[92]M. SOPOĆKO, *Poznajmy Boga w Jego Miłosierdziu*, p. 31.
[93]M. SOPOĆKO, *O obowiazkach społecznych* (*I compiti della società*), Wyd. Stud. Teologicznych, Wilno 1931, p. 13.

rationalis, di fatto serve ad affinare sempre più la concezione dell'uomo come persona con tutto ciò che ne consegue.[94]

Secondo Sopoćko, sant'Agostino è stato "il massimo pensatore cristiano del primo millennio" e certamente anche uno dei più grandi geni dell'umanità in assoluto. Nelle *Confessioni* di sant'Agostino, l'opera più celebre, il Nostro intravvede alcune tappe errate della sua vita e il cammino verso la scoperta di Dio misericordioso. E proprio come Agostino, Sopoćko s'immerge nella contemplazione di Dio, della vita e del mistero che la circonda, riflettendo sul suo passato pieno di sbagli, di cui riuscì un giorno a rendersi conto, solo grazie alla misericordia di Dio, implorata con la preghiera di sua madre.

> «Guardando il mio passato, l'infanzia della mia vita in particolare, vedo una continua rivelazione della misericordia di Dio; le preghiere dei miei genitori mi hanno preservato dalla morte».[95]

Infatti, nelle *Confessioni* sant'Agostino ripercorre la sua vicenda personale, in forma autobiografica, descrivendo la sua conversione come un vero e proprio cammino, fatto di dubbi e di errori, di sacrifici e di rinunce. Sopoćko prende l'itinerario di Agostino come modello per un viaggio all'interno dell'uomo, nel profondo del suo

---

[94]A. MILANO, *Persona in teologia*, Dehoniane, Napoli – Roma 1986, pp. 21-27.
[95]M. SOPOĆKO, *Błogosławiony Ksiądz Michał Sopoćko – Dziennik* (*Beato don Michele Sopoćko – Diario*), cit., p. 100.

cuore, attraverso la riflessione e la meditazione, per arrivare a scoprire non solo il proprio io, ma Cristo che è misericordia incarnata.[96]

L'esito fruttuoso spirituale dell'incontro con Agostino, è proprio questo: il Nostro spesso ripercorreva le sue vicende, scrivendo una specie di "confessioni aperte", dove notiamo il desiderio profondo della conversione. Ecco uno dei suoi testi:

> «Confido instancabilmente che tutte le azioni della mia vita si trovino nell'eternità, fuorché i peccati, che Gesù ha annientato nel sacramento della penitenza e che li dimentichi così come dimenticò la vita di peccato della Maddalena, il rinnegamento di Pietro, la persecuzione di Saulo, come dimenticò le colpe di Agostino; basta che io mi penta ancora. L'ultima pietra del male, che comunque appartiene al passato, dovrebbe diventare la pietra angolare nel nuovo edificio della santità. Gesù, confido in Te!»[97]

Per il Nostro, la dottrina agostiniana è stata fondamentale per le basi della ricerca scientifica sul concetto della misericordia di Dio, rafforzata e sviluppata da altri incontri con grandi maestri della filosofia e teologia. La sua elaborazione dà un quadro più ampio al tema della misericordia, arricchito con diversi pensieri e riflessioni personali, che aiutano più facilmente a capire. Ciò che colpisce di più è la

---

[96]M. SOPOĆKO, *Miłosierdzie Boga w dziełach Jego - vol. III*, p. 36.
[97]M. SOPOĆKO, *Tutto è compiuto*, AZSJM, Gorzów Wilekopolski 1942.

comprensione di Sopoćko nei confronti di Dio e la sua sensibilità come teologo e semplice credente:

> «La più grande onnipotenza di Dio si dimostra nella redenzione dei peccatori e nella sua infinita misericordia, piuttosto che nell'atto della creazione degli spiriti celesti. Infatti, è più facile creare i santi che giustificare i peccatori».[98]

[98]M. SOPOĆKO, *Jezus Król Miłosierdzia* (*Gesù il Re della misericordia*), Wydawnictwo Księży Marianów - MIC, Poznań 1948, Warszawa 2005, p. 40.

2.2 L'incontro con san Tommaso d'Aquino

San Tommaso d'Aquino, invece, per Sopoćko rappresenta uno dei più grandi teologi della Chiesa, colui che in modo particolare e profondo sviluppò la teologia della misericordia di Dio nel linguaggio preciso, trasparente e semplice. Scrive:

> «Il dottore Angelico sviluppò la scienza rivelata della misericordia di Dio. Al primo posto definisce questo termine come il più grande ed eterno attributo del Creatore, Redentore e Santificatore, invece attraverso la Sua relazione con le creature, in particolare con gli uomini, Dio fa uscire le creature dalla loro miseria e riempie le loro mancanze».[99]

Questo secondo "incontro" avviene durante gli studi sul concetto di Dio al seminario 1910-1914.[100] Nel 1930 il Nostro fa un viaggio in Italia sulle orme del santo, va per diverse biblioteche, arriva a Monte Cassino e alla fine fa un pellegrinaggio alle spoglie di san Tommaso D'Aquino al convento domenicano *des Jacobins* a Tolosa, in Francia.[101] Elabora scientificamente l'attributo più grande di Dio negli anni 1949-1962,[102] visto come relazione reciproca della misericordia di Dio nei confronti delle creature imperfette,[103] tenendo conferenze e nei vari incontri nella biblioteca del

[99]M. SOPOĆKO, *Miłosierdzie Boga w dziełach Jego - vol. I*, cit., p. 15.
[100]H. CIERESZKO, *Życie i działalność Księdza Michała Sopoćki (1888-1975). Pełna Biografia apostoła Miłosierdzia Bożego (La vita e le opere di don Michał Sopoćko. Intera bibliografia dell'apostolo della divina misericordia)*, p. 66.
[101]M. SOPOĆKO, *Błogosławiony Ksiądz Michał Sopoćko*, p. 90.
[102]M. SOPOĆKO, *Miłosierdzie Boga w dziełach Jego - vol. I*, pp. 17-18.
[103]M. SOPOĆKO, *Poznajmy Boga w Jego Miłosierdziu (Conosceremo Dio nella Sua misericordia)*, p. 51.

Seminario Maggiore di Wilno, organizzati per gli studenti in memoria di san Tommaso.[104]

Sopoćko, a un certo punto, esplorando le sue *opere*, resta sorpreso, vedendo convivere in lui l'acutezza speculativa e l'attenzione all'esperienza, la rigorosa sottigliezza logica e la penetrante lettura della fenomenologia. La sua capacità riflessiva, nell'ambito del pensiero, nota che sia di alto livello, non meno lucida e fine appare la sua sagacia nel campo dell'azione, che specialmente risalta nella meravigliosa *Pars secunda* della *Summa Theologiae*. Infatti, il teologo polacco, elaborando il tema della misericordia, si accorge che Tommaso, sia nella scienza speculativa sia nella scienza pratica, procede con un linguaggio preciso e insieme trasparente e semplice, dove sottolinea "il significato dell'espressione" (*significatio nominis*), ma soprattutto si rivela interessato alla "realtà significata" (*res significata*), convinto com'è che "la realtà" (*res*) eccede sempre il "nome" (*vox*) e ne rappresenta l'inesauribile risorsa. Egli sa che in ogni porzione del sapere "l'enunciazione" (l'*enuntiabile*) non traduce mai adeguatamente "l'enunciato".[105]

Il Nostro trova in questa "realtà" (*res*) che eccede sempre il "nome" (*vox*) nella *Summa Theologiae*, la precisa e trasparente misericordia di Dio, che diviene a noi creature, atto di giustizia di Dio. La misericordia appartiene alla giustizia. La misericordia è attribuita a Dio in modo principalissimo non per quanto ha di sentimenti o passione, ma per gli effetti (che produce).[106]

---

[104]B. SZOSAŁO in H. CIERESZKO, *Ksiądz Michał Sopoćko profesor, wychowawca i ojciec duchowny alumnów i kapłanów*, Kuria Metropolitalna Białostocka, Białystok 2008, p. 117.
[105]M. SOPOĆKO, *Miłosierdzie Boga w dziełach Jego - vol. I*, pp. 50-56.
[106]T. D'AQUINO, *S. Th.*, III, 21: *De iustitia et misericordia Dei.*

Tommaso, nella *Summa Theologiae*, dove dedica tre questioni allo Spirito Santo, presenta lo Spirito Santo[107] come Amore che il Padre e il Figlio hanno per la propria amabilità. Egli è perciò attento a distinguere in Dio l'unità dell'essenza, che in continuazione Sopoćko riproponeva nelle sue *opere*,[108]nelle *omelie*,[109] nelle *lettere*,[110] e in diversi articoli,[111] attraverso l'unità della consonanza o dell'amore donato dallo Spirito, in altre parole la distinzione tra *Amore essenziale* riferito ai Tre della Trinità e *Amore personale* attribuito specialmente alla Terza Persona.

Il Nostro teologo adatta la visione di Tommaso all'importanza della figura dello Spirito Santo (Amore) che sta all'origine dei doni divini, nell'economia salvifica - principio della vita divina *ad extra*.[112] Infatti:

> «In Dio c'è amore, l'amore riguarda il bene in generale, posseduto o non posseduto. Perciò l'amore naturale è il primo atto della volontà e dell'appetito. Per questo tutti gli altri moti dell'appetito suppongono l'amore, quale prima radice. Non si desidera altro, infatti, se non il bene di chi si ama, né si gioisce che del bene amato».[113]

[107]*Ibid.*, *S. Th.* I, q. pp.36-38.
[108]M. SOPOĆKO, *Misericordia di Dio. Lo studio teologico-pratico*,Wilno 1936; *Misericordia Divina unica speranza per il genere umano*, Cordoba 1951, 1953, Roma 1954, 1956, Udine 1954, *Gesù confido in Te*, Kraków 1942; *Conosceremo Dio nella Sua misericordia*, 1949; *Misericordia di Dio nelle Sue Opere – vol. III*, Rzym- Paryż-Londyn 1962.
[109]M. SOPOĆKO, *Le omelie sulla misericordia di Dio*, Kuria Metropolitalna Białostocka, Białystok 2008.
[110]M. SOPOĆKO, *Il dono della misericordia - le lettere dal Bosco Nero*, *Tutto è compiuto*, AZSJM 1942.
[111]M. SOPOĆKO, *Veni Creator Spiritus*, WAW (1932); *Il cuore di Gesù e misericordia di* Dio, 1948.
[112]M. SOPOĆKO, *Miłosierdzie Boga w dziełach Jego - vol. III*, p. 28; *S. Th.* I, q. 38 a. 2.
[113]T. D'AQUINO, *S. Th.*, II, XX, *De amore Dei.*

Quest'incontro per la teologia di Sopoćko è davvero significativo, egli riesce a coniugare insieme *persona con relazione.* La relazione in Dio costituisce una persona quando è opposta e incomunicabile. Riferendosi a Dio si può affermare che in lui vi sono tre persone e nello stesso tempo si può asserire che *Dio è un essere personale.*[114]

San Tommaso riteneva che è bestemmia concepire Dio Onnipotente alla maniera dispotica degli uomini.[115] La fede cristiana legge l'attributo dell'onnipotenza coniugandolo alla luce della paternità di Dio. Onnipotenza e paternità si fondono insieme. L'onnipotenza divina si esercita generando il Figlio in pienezza fino al supremo sacrificio del Calvario e all'aurora della mattina di Pasqua. Ciò che affascina il Nostro in Tommaso è che Dio non è un tiranno, è spazio di libertà[116] per l'uomo[117] perciò è opportuno specificare sempre che ci troviamo di fronte ad un'*Onnipotenza nell'amore.*[118]

Sopoćko sottolinea che san Tommaso volge l'attenzione particolare su san Paolo, che in realtà nelle sue lettere parla molto sulla misericordia e quale "vaso" di elezione, contenesse. Tommaso premette il rilievo che, come "ci sono vasi di vino, vasi di olio e altri vasi diversi secondo il genere", così ci sono uomini (...), riempiti divinamente con diverse grazie, come si dice nella prima lettera ai Corinzi:

---

[114]M. SOPOĆKO, *Poznajmy Boga w Jego Miłosierdziu*, 51-53.
[115]T. D'AQUINO, I, 23,6,c., *De Veritate.*
[116]M. SOPOĆKO, *Poznajmy Boga w Jego Miłosierdziu* (*Conosceremo Dio nella Sua misericordia*), p. 68.
[117]M. SOPOĆKO, *Miłosierdzie Boga w dziełach Jego - vol. II*, p. 219.
[118]Il senso dell'onnipotenza di Dio passa attraverso l'abbassamento - umiliazione (*kenosis*) del Figlio (Fil 2,6-8). L'onnipotenza di Dio è l'onnipotente, vittoriosa debolezza dell'Amore; M. SOPOĆKO, *Zaufałem Twojemu Miłosierdziu. Myśli na każdy dzień* (*Confido nella tua misericordia*), Edycja Świętego Pawła, Częstochowa 2004, p. 12.

«A uno viene concesso dallo Spirito il linguaggio della sapienza; a un altro il linguaggio della scienza, a uno la fede, per lo stesso Spirito (12,8). Ora, Paolo fu ripieno di questo Spirito che è "il nome di Cristo, del quale nel Cantico dei Cantici si dice: Profumo olezzante è il tuo nome» (Cor 1, 2).

Perciò si dice Egli è il vaso eletto per me affinché porti il mio nome. E, infatti, si mostra tutto ripieno di questo nome, come si afferma nell'Apocalisse: «Inciderò su di lui il mio nome» (Ap 3,12).

E l'Angelico precisa:

«Ricevette questo nome nella conoscenza dell'intelletto, secondo quanto si dice in 1 Corinzi: *Io ritenni infatti di non sapere altro in mezzo a voi se non Gesù Cristo e questi crocifisso* (2,2). Inoltre ebbe questo nome nei suoi affetti, conformemente a Romani: *Chi ci separerà dunque dall'amore di Cristo?* (8,35); e a 1 Corinzi: *Se qualcuno non ama il Signore, sia anatema* (16,22). Si tenne poi stretto a lui in tutto il suo modo di vivere. Perciò in Galati dichiara: *Sono stato crocifisso con Cristo e non sono più io che vivo, ma Cristo vive in me* (2,20). Paolo non solo fu personalmente colmo del nome di Cristo, ma fu anche destinato a portare questo nome agli altri. *Era, infatti, necessario* - scrive Tommaso - *che il nome fosse portato perché si trovava lontano dagli uomini.* Quel nome è lontano da noi a causa del peccato, a causa dell'oscurità dell'intelletto. Ora il beato Paolo portò il nome di Cristo anzitutto nel corpo, imitando la sua condotta e la sua passione, secondo Galati: *Difatti io porto le stigmate di Gesù nel mio corpo* (6,17); e poi nella sua bocca, come risulta dal fatto che nelle sue lettere nomina spessissimo Gesù Cristo: poiché *la bocca parla della pienezza del cuore come si asserisce in Matteo* (12, 34)».[119]

Tanto vero che San Paolo è un uomo che sperimentò la misericordia di Dio e evidenziò nelle sue lettere la giustizia divina non come quella umana in terra, ma quella che viene preavvisata dal Signore sempre (1Cor 11,32-33) nella misericordia.

Sopoćko nota che per Tommaso le *lettere di san Paolo* contengono soprattutto un messaggio di misericordia e di speranza, ed è la ragione per la quale la Chiesa le legge spesso. Ma egli aggiunge un'altra ragione ed è che nei *Salmi* e nelle *Lettere paoline* è contenuta quasi l'intera dottrina della teologia - *fere tota theologiae continetur doctrina.*

Questo concetto della dottrina, ben presentata, illustrata, arricchita e colta da Sopoćko troviamo nel terzo volume della sua ampia *opera* scritta nel 1959, intitolata *Misericordia di Dio nelle Sue Opere.*[120] Infatti, in quest'ottica, il Nostro presenta la Chiesa, la quale realizza questi messaggi, li rende reali, dando il rilievo ai doni ricevuti

---

[119]In particolare, Paolo - paragonato dal dottore Angelico alla colomba che recò all'arca del diluvio il ramoscello d'ulivo, simbolo della misericordia – "recò quel ramoscello alla Chiesa, allorché espresse in molti modi la sua virtù e il suo significato, mostrando la grazia e la misericordia di Cristo. Perciò in 1 Timoteo dice: *Appunto per questo ho ottenuto misericordia, perché Gesù Cristo ha voluto dimostrare in me, per primo, tutta la sua magnanimità* (1,16). E al riguardo l'Angelico annota: Come tra le Scritture dell'Antico Testamento nella Chiesa si usano più frequentemente i Salmi di Davide, che dopo il peccato ottenne il perdono, così nel Nuovo Testamento si usano le lettere di Paolo, che ottenne il perdono, perché i peccatori siano innalzati verso la speranza.

[120]M. SOPOĆKO, *Misericordia di Dio nelle Sue Opere - vol. III*, pp. 28-32;120-124;276-280.

dalla misericordia di Dio (sette doni dello Spirito Santo, sette sacramenti ecc.), li realizza pienamente, testimoniandoli e annunciandoli con il carattere missionario della sua azione.[121]

Infine, "quest'incontrarsi" del teologo polacco con san Tommaso D'Aquino, innanzitutto lo ha incoraggiato "nel fare la teologia della misericordia", rendendola più completa, appassionante e specifica, ponendo l'accento sul presentare sempre la misericordia insieme alla giustizia nell'ordine prestabilito da Dio.[122]

---

[121] *Ibid.*, pp. 117, 232.
[122] M. SOPOĆKO, *Miłosierdzie Boga w dziełach Jego - vol. I*, p. 18.

2.3 L'incontro con Torquato Severino Boezio

Mentre Sopoćko prepara l'articolo intitolato: *La misericordia di Dio e il riscatto degli uomini dal peccato* (1948)[123]e poi il libro intitolato*: Conosceremo Dio nella Sua misericordia* (1949), "comincia a conoscersi" anche con il filosofo cristiano della fine dell'antichità, Boezio (470-525), approfondendo accuratamente la sua dottrina sulla persona (sostanza individuale di una natura razionale) e sul peccato.[124] Da allora, confessare Dio come essere personale e come tre persone significa confessare un sussistente in tre sostanze.[125]

Il Nostro, infatti, trova in *Anicius Manlius* un sostegno delle sue tesi per la sua riflessione teologica sulla bontà divina e l'incentivo nella ragionevolezza del discorso sul peccato:

> «La fede e la ragione sana confessano che il peccato non è solo un male, dalla quale sgorgano tutte le disgrazie, ma che nessun potere del mondo sia capace di toglierlo. Solo Dio cancella i peccati, in questo rivela la sua potenza straordinaria e l'infinita misericordia; ecco come possiamo conoscere la mostruosità del peccato e la grandezza dell'amore senza limiti; perché in lui c'è misericordia e ira, egli è potente quando perdona e quando riversa l'ira (Sir 16, 12)».[126]

---

[123]M. SOPOĆKO, *Miłosierdzie Boże wzgledem grzeszników* (*La misericordia di Dio per peccatori*), artykuł, AZSJM,1948; *Poznajmy Boga w Jego Miłosierdziu*, 1949, p. 83.
[124]M. SOPOĆKO, *Miłosierdzie Boga w dziełach Jego - vol. I*, p. 25.
[125]C. MORESCHINI, *Boezio e la tradizione del Neoplatonismo latino*, in "Atti del Convegno Internazionale di Studi Boeziani", Roma 1981, p. 23.
[126]Cf. M. SOPOĆKO, *Miłosierdzie Boga w dziełach Jego - vol. III*, pp. 32,33.

Era necessario nella sua ricerca sulla "ragione sana" far vedere che nel peccato non giace la ragione. Qui, Boezio illumina il pensiero del Nostro e gli fa comprendere che Dio ci ha dato la ragione, la quale ci deve guidare nel comportamento giusto. Se noi dovessimo comportarci contro la ragione e la nostra coscienza, commetteremo il peccato.

«La cattiveria interiore del peccato è che tutti i ragionevoli lo commettono».[127]

Non ci dimentichiamo che Sopoćko ha insegnato la filosofia nel Seminario Maggiore di Wilno e proprio in quest'ottica del pensiero di Boezio, ribadiva:

> «Dio dall'inizio ha un progetto ordinato che prevede: al primo posto Dio, poi la ragione, poi la volontà umana e le passioni. In quest'ordine la ragione e la volontà sono al servizio di Dio, le passioni invece sono sottoposte alla ragione e alla volontà umana. Il peccato distrugge quest'ordine. La ragione e la volontà umana si sono ribellate e sono sfuggite al potere di Dio, le passioni invece al potere della ragione e alla volontà degli uomini».[128]

---

[127]M. SOPOĆKO, *Miłosierdzie Boga w dziełach Jego - vol. III*, p. 33.
[128]H. CIERESZKO, *Ksiądz Michał Sopoćko profesor, wychowawca i ojciec duchowny alumnów i kapłanów*, p. 115.

Ora, anche nel primo volume della sua ricerca, *Misericordia di Dio nelle Sue opere*, leggiamo che il bene perfetto, il "Sommo Bene" è Dio,[129] dal momento in cui, secondo Boezio, sviluppiamo una concezione neoplatonica,[130] "la ragione dimostra che Dio è buono e in lui vi è anche il bene perfetto".[131] Se, infatti, non fosse tale, non potrebbe essere l'origine di ogni cosa; ci sarebbe un altro, migliore di lui, in possesso del bene perfetto, a lui precedente e più prezioso; è chiaro che le cose perfette precedono quelle imperfette. Pertanto, per non procedere all'infinito col ragionamento, si dovrebbe ammettere che il sommo Dio sia del tutto pieno del bene sommo e perfetto; ma si era stabilito che il bene perfetto sia la vera felicità; dunque "la vera felicità è posta nel sommo Dio".[132]

Il Nostro era convinto che il filosofo Boezio fosse consapevole della crisi della cultura latina del suo tempo, perciò avvertì la necessità di tramandare e conservare le conoscenze elaborate nel mondo greco. Data alla filosofia[133] la definizione di "amore della sapienza", da lui intesa come causa della realtà e perciò sufficiente a se stessa, la filosofia, come amore di quella, è anche amore e ricerca di Dio, che è la sapienza assoluta.[134]

---

[129]M. SOPOĆKO, *Miłosierdzie Boga w dziełach Jego - vol. I*, cit., p. 144.

[130] BOETIO, *De consolatione philosophiae*, III, X, 8.

[131]H. CIERESZKO H., *Ksiądz Michał Sopoćko profesor, wychowawca i ojciec duchowny alumnów i kapłanów*, Kuria Metropolitalna Białostocka, Białystok 2008, p. 116.

[132]S. BOEZIO, *Consolazione della filosofia*, a cura di Luca Obertello, Milano 1996, pp. 324,325.

[133]Sopoćko scopre in Boezio che la filosofia è conoscenza di tre tipi di esseri. Gli intellettibili sono gli esseri immateriali, concepibili solo dall'intelletto, senza l'ausilio dei sensi, come Dio, gli angeli, le anime; il ramo della filosofia che di questi si occupa è propriamente la teologia. Gli intelligibili sono invece gli esseri presenti nelle realtà materiali, le quali sono percepite dai sensi, ma anche concepibili dall'intelletto: gli intelligibili sono dunque gli intellettibili in forma materiale. La natura è infine oggetto della fisica, suddivisa in sette discipline: quelle del *quadrivium* - aritmetica, geometria, musica e astronomia - e del *trivium* - grammatica, logica e retorica; M. SOPOĆKO, *Jezus Król Miłosierdzia* (*Gesù il Re della misericordia*), Wydawnictwo Księży Marianów - MIC, Poznań 1948, Warszawa 2005, p. 158; H. CHADWIC, *Boezio: la consolazione della musica, della logica, della teologia e della filosofia*, Bologna, 1986, p. 234.

[134]C. MORESCHINI, *Neoplatonismo e Cristianesimo: «partecipare a Dio» secondo Boezio e Agostino*, Catania 1991, pp. 34,36.

Nel terzo volume, *Misericordia di Dio nelle Sue opere*, Sopoćko riporta quest'affermazione, che in ogni peccato si trova la contraddizione della regola di un comportamento ragionevole. Più avanti, addirittura cita alcuni brani dal *De consolatione philosophiae*,[135] dove Boezio trova in ogni peccato anzitutto grande stupidità, perché ogni peccatore non si comporta come un uomo ragionevole, ma come un animale.[136]Infatti: «L'uomo nella prosperità non comprende, è come gli animali che periscono» (Sal 49,21).

[135]Scritti durante la carcerazione, i cinque libri *De consolatione* si presentano come un dialogo nel quale la Filosofia, personificata da "una donna di aspetto oltremodo venerabile nel volto, con gli occhi sfavillanti e acuti più della normale capacità umana, di colorito vivo e d'inesausto vigore, tanto avanti negli anni da non credere che potesse appartenere alla nostra epoca", dimostra che l'afflizione patita da Boezio per la sventura che lo ha colpito non ha in realtà bisogno di alcuna consolazione, rientrando nell'ordine naturale delle cose, governate dalla Provvidenza divina; F. GASTALDELLI, *Boezio*, Roma, 1997.

[136]Nel IV libro (I, 3) Boezio pone il problema di come «pur esistendo il buon reggitore delle cose, i mali esistano comunque e siano impuniti (...) e non solo la virtù non venga premiata, ma sia persino calpestata dai malvagi e punita al posto degli scellerati». La risposta, secondo lo schema platonico, della Filosofia, è che tutti, buoni e malvagi, tendono al bene; i buoni lo raggiungono, i malvagi non riescono a raggiungerlo per la loro propria incapacità, mancanza di volontà e debolezza. Perché, infatti, i malvagi (IV, II, 31 - 32) «abbandonata la virtù, ricercano i vizi? Per ignoranza di ciò che è bene? Ma cosa c'è di più debole della cecità dell'ignoranza? Oppure sanno cosa cercare, ma il piacere li allontana dalla retta via? Anche in questo caso si dimostrano deboli, a causa dell'intemperanza che impedisce loro di opporsi al male? oppure abbandonano il bene consapevolmente e si volgono al vizio? Ma anche così cessano di essere potenti e cessano persino di essere del tutto». Infatti, il bene è l'essere e chi non raggiunge il bene è privo necessariamente dell'essere: dell'uomo ha solo la parvenza: «tu potresti chiamare cadavere un uomo morto, ma non semplicemente uomo; così, i viziosi *sono* malvagi, ma nego che essi *siano* tali in senso assoluto»; S. BOEZIO, *Consolazione della filosofia*, a cura di Luca Obertello, Milano, 1996.

2.4 L'incontro con René Descartes

Il primo "incontro," con la filosofia di Cartesio, filosofo, scienziato e matematico francese, avviene durante gli studi in preparazione al sacerdozio e il più approfondito nella Università Reale di Varsavia, nella quale Sopoćko studiò la teologia morale, la filosofia e il diritto fin dal 1935.[137] Quando iniziarono i corsi nel seminario maggiore, il Nostro teneva i corsi di catechesi, pedagogia, psicologia e storia della filosofia, poggiandosi in particolare sui tre volumi di Tatarkiewicz,[138]in quel tempo uno dei più importanti filosofi, che rendeva ogni "incontro" più frequentato.[139]

Il Nostro, nei corsi di filosofia, proponeva Cartesio come il filosofo[140]che poteva dare un fondamento alla nuova visione della natura, dimostrando come si debba concepire la realtà perché ad essa sia applicabile la matematica, elevata al rango e strumento universale del sapere.[141]

---

[137] *Dz.*, cap. 1, cit. p. 14.

[138]Quest'autore per Sopoćko è stato un maestro nella conoscenza più acuta della filosofia come base alla teologia. Władysław Tatarkiewicz (1886 - 1980) filosofo e storico della filosofia e scrittore. Studiato in diverse direzioni (legge, filosofia, antropologia, psicologia, storia dell'arte) e presso varie università. Partecipò alla così detta "università volante" a Berlino, Marburg, Parigi, così come l' Oblast, all'Università di Leopoli, dove nel 1919 conseguì la sua abilitazione. Teneva lezioni sulla storia della filosofia, etica, estetica presso l'Università di Varsavia, nel 1919 –1921 sulla storia della filosofia presso l'Università di Stefan Batory a Vilnius, più tardi l'insegnamento della storia dell'arte ed estetica al seminario in storia dell'arte presso Università di Poznań. Nella storia della scienza della Polonia, principalmente come scrittore, fu autore pluripremiato e tradotto in molte lingue. La più famosa sua opera è *La storia della filosofia* (III volumi - ben studiate e insegnate da Sopoćko in seminario) e *La storia di estetica* e con una filosofia a prezzi accessibili di moralità.

[139]H. CIERESZKO, *Il cammino di santità di Don Michele Sopoćko*, p. 47; S. STRZELECKI, *Ksiądz Michał Sopoćko jakiego znałem i pamiętam* (*Don Michele così come lo ho conosciuto*), Wydawnictwo Księży Marianów, Warszawa 2004, pp. 63,64.

[140]H. CIERESZKO, *Życie i działalność Księdza Michała Sopoćki (1888-1975). Pełna Biografia apostoła Miłosierdzia Bożego* (*La vita e le opere di don Michał Sopoćko Intera bibliografia dell'apostolo della divina misericordia*), p. 162.

[141]S. STRZELECKI, *Ksiądz Michał Sopoćko jakiego znałem i pamiętam (Don Michele così come lo ho conosciuto)*, pp. 111-114.

È notevole che Sopoćko nelle sue ricerche scientifiche scritte, utilizza proprio il metodo deduttivo del pensiero cartesiano. A volte, partendo dalla domanda che potrebbe suscitare qualche dubbio, presenta la logicità del discorso trattato.[142] Infatti, sul dubbio e la sospensione del giudizio, Cartesio scrisse una serie di sei trattati (*Meditazioni*) riguardanti la *Metafisica.*[143]

"Che cosa possiamo sperare di conoscere con certezza?" Questa domanda in sottofondo si ripresenta nell'*opera* del Nostro *Conosceremo Dio nella Sua misericordia* (1942). Proprio quando sembra impossibile individuare qualcosa che possa essere conosciuto con evidente certezza, Cartesio ci è di aiuto. Secondo lui, qualunque cosa possa fare quel genio maligno di cui Descartes ha ipotizzato l'esistenza nel corso della messa in discussione di ogni certezza, questi non potrà mai far sì che io, che dubito di essere ingannato da lui, non esista. La sua azione dell'ingannare, infatti, si rivolge nei confronti di un esistente che subisce l'inganno e che dubita di essere ingannato e, se dubita, pensa. Questo è il principio meglio conosciuto da Sopoćko nella formula del *cogito ergo sum*, che trova nel *discorso sul metodo* come

[142]A. DRAGAN, *Z misją Bożego Miłosierdzia. Szkice z życia bł. ks. Michała Sopoćki,*Wydawnictwo Księży Marianów, Warszawa 2008, p. 53.

[143]W. TATARKIEWICZ, *Historja filosofii* (*La storia della filosofia*), vol. II, P.W.N., Warszawa 1998, p. 45. Nel primo, Cartesio espone le ragioni per le quali possiamo dubitare di tutte le cose, e particolarmente di quelle materiali. Si avverte qui la necessità di un dubbio generale come unica via per acquistare una certezza nel campo della scienza e della filosofia, si parla quindi di uno scetticismo abbastanza imponente. Cartesio è molto fiducioso nel buon senso e nella ragione (ripartita in maniera uguale in tutti gli uomini) e dice che la diversità delle opinioni non è causata dal fatto che gli uni siano più ragionevoli degli altri, ma solamente nella capacità di condurre i nostri pensieri per vie diverse. Il dubbio cartesiano è visto come dubbio metodico, mediante cui il filosofo elimina dal sapere tutte le opinioni non sufficientemente chiare e controllate allo scopo di fornire un fondamento razionale incontrovertibile; si deve quindi ritenere falsa qualunque opinione su cui sia possibile sollevare anche il minimo dubbio. È possibile distinguere due stadi fondamentali del dubbio: il primo si rivolge agli oggetti dei sensi, considerati come la sorgente più comune e più certa del nostro sapere, il secondo si rivolge invece agli oggetti dell'intelletto, come per esempio le cognizioni matematiche, che sembrano conservare il loro valore, sia che io sogni o che io sia desto: G. MILHAUD, *Descartes savant*, Félix Alcan, Paris 1921, pp. 45-49.

ricostruire l'edificio della conoscenza[144]e poi trasformato nella formula *cogitor ergo sum*, che si riferisce all'essere.[145]

Con la sola forza del pensiero deduttivo Cartesio propone al Nostro una "prova ontologica" dell'esistenza di un Dio benevolo, che ha dato all'uomo una mente e un corpo e che non può desiderare di ingannarlo.[146] Le tre prove ontologiche, liberamente ispirate dalla Scolastica, di cui il filosofo si serve per postulare l'esistenza di Dio sono le seguenti: - siccome l'uomo ha in sé l'idea di Dio,[147] equivalente all'idea della perfezione, seguendo il principio per cui la causa dev'essere eguale o maggiore all'effetto prodotto, l'idea di Dio non può essere un prodotto della mente dell'uomo (il quale esercitando il dubbio dimostra la sua imperfezione), né dall'esterno (di cui potendo dubitarne si dimostra l'imperfezione), ma deve provenire necessariamente da un'entità perfetta, estranea all'idea di perfetto che l'uomo ha di lui: cioè Dio.[148]

Siccome l'uomo è consapevole della sua imperfezione, non può essere stato lui l'artefice di quelle idee di perfezione che egli ha nella sua mente (onniscienza, onnipotenza, prescienza ecc.) altrimenti alla creazione si sarebbero date codeste prerogative. Per tale motivo deve esistere un'entità che gode di quelle qualità e che abbia dall'esterno creato l'uomo: cioè Dio.[149]

---

[144]A. BAILLET, *Vie de Monsieur Descartes*, vol. II, Paris, Daniel Horthemels 1691; tr. it.: *Vita di Monsieur Descartes*, Milano, Adelphi, Milano 1995, p. 12.
[145]M. SOPOĆKO, *Miłosierdzie Boga w dziełach Jego - vol. I*, pp. 51,52,
[146]M. SOPOĆKO, *Poznajmy Boga w Jego Miłosierdziu*, pp. 22,23.
[147]M. SOPOĆKO, *Miłosierdzie Boga w dziełach Jego - vol. I*, p. 51.
[148]*Ibid*., p. 21.
[149]M. SOPOĆKO, *Miłosierdzie Jego na wieki. Rozważania o Bożym Miłosierdziu Miłosierdzie Jego na wieki. Rozważania o Bożym Miłosierdziu* (*La misericordia in eterno. Le meditazioni sulla misericordia di Dio*), Edycja Świętego Pawła, Częstochowa 2005, pp. 47-50.

Sopoćko trova in Cartesio una interessante affermazione secondo cui il pensiero costituisce la sua essenza nella misura in cui esso è ciò di cui non può più dubitare.

«La costruzione del sapere avviene attraverso il metodo della deduzione, mentre i sensi sono privati di ogni dignità conoscitiva».[150]

Riprendendo la prova elaborata già da sant'Anselmo d'Aosta, Cartesio afferma che l'esistenza è già implicita nel concetto stesso di perfezione; esiste un'entità superiore in quanto espressione dell'idea che l'uomo ha di perfetto (la cosiddetta prova ontologica, come Kant definirà per sostenere l'impossibilità di far coincidere il piano logico con il piano ontologico): cioè Dio.[151]

In questo modo, il Nostro si convince che si può recuperare il rapporto con il mondo sensibile senza timore di essere ingannato. Riprendendo i tre anni di studi filosofici, nota che Cartesio recupera l'idea della scolastica medioevale di un Dio-Bene,[152] il quale non può ingannare né me né i miei sensi, per cui è reale il mondo che abbiamo davanti. L'errore viene pertanto attribuito non alla dimensione intellettuale dell'uomo, ma alla volontà, che asseconda nel procedimento un principio non ancora chiarito.[153]

Sopoćko è consapevole che la semplice presenza in noi dell'idea di Dio dimostra l'esistenza di Dio. In secondo luogo, per dimostrare l'esistenza di Dio, posso

---

[150]M. SOPOĆKO, *Poznajmy Boga w Jego Miłosierdziu*, cit., p. 17.
[151]W. TATARKIEWICZ, *Historja filosofii*, p. 49.
[152]M. SOPOĆKO, *Miłosierdzie Boga w dziełach Jego - vol. I*, p. 52.
[153]W. TATARKIEWICZ, *Historja filosofii*, pp. 50,51.

considerare la finitudine del mio io. Io sono finito e imperfetto, com'è dimostrato dal fatto che dubito; se fossi la causa di me stesso, mi sarei dato le perfezioni che concepisco nell'idea di Dio. È dunque evidente che non mi sono creato da me e che mi ha creato un essere che ha tutte le perfezioni di cui io ho la semplice idea.[154] Come terza prova, Cartesio invece prende di nuovo spunto dall'argomento ontologico. Come non è possibile concepire un triangolo che non abbia gli angoli interni uguali ai due lati, così non è possibile concepire Dio come non esistente, infatti, l'essere perfettissimo non può essere privato della perfezione dell'esistenza; l'esistenza gli appartiene con la stessa necessità del triangolo.[155] Sopoćko lo traduce in altre parole; Dio esiste in virtù della sua stessa essenza, per la sovrabbondanza dell'essere, quindi della perfezione, che lo costituisce.[156]

Da questo incontro, il Nostro teologo polacco ha ricevuto un accrescimento intellettuale non indifferente, nel quale troviamo una continuità e sviluppo del suo pensiero: "Io che sono una cosa pensante" - *cogitor ergo sum*, potrei essere la causa

---

[154]M. SOPOĆKO, *Poznajmy Boga w Jego Miłosierdziu*, p. 186

[155]M. SOPOĆKO, *Miłosierdzie Boga w dziełach Jego - vol. I*, p. 50.

[156]M. SOPOĆKO, *The Mercy of God in his Works*, vol. 1, Stockbridge Mass, London 1962, pp. 16, 17; *Poznajmy Boga*, pp. 66, 67; L'esistenza di Dio avrebbe allora l'effetto di fondare metafisicamente il criterio di verità, ma per dimostrare l'esistenza di Dio dobbiamo presupporre tale criterio di verità: infatti, non possiamo essere sicuri dell'esistenza di Dio, se non perché lo concepiamo con chiarezza e distinzione. Cartesio risponde a tale critica introducendo il concetto di memoria. Egli dice che Dio garantisce l'evidenza, nel senso che assiste la memoria, non nel senso che fonda la verità delle proposizioni immediatamente evidenti, che non hanno come tali bisogni di verifica. Per dimostrare l'esistenza di Dio, Cartesio muove dall'idea innata di Dio, presente nella mente. Il punto di partenza è, infatti, offerto dal cogito, con l'insieme delle sue «cogitationes». Bisogna ora fare una distinzione tra le idee; tra esse, alcune sono innate: come le idee di cosa, di verità, di pensiero, infatti, la facoltà di concepire una cosa, una verità, o un pensiero sembra venirmi solo dalla mia natura. Alcune sono avventizie perché mi vengono da cose fuori di me, come l'idea del calore. Altre ancora sono fittizie, ossia finzioni prodotte da me, come l'idea delle sirene o degli ippogrifi. Tutte le idee si possono inoltre considerare sotto un duplice aspetto: in quanto sono modi del pensiero, cioè dal punto di vista della loro realtà formale, o in quanto mi rappresentano qualcosa, cioè dal punto di vista della loro realtà oggettiva. Dal punto di vista della realtà oggettiva le idee sono molto diverse tra di loro, e quella di Dio - ossia di un essere sovrano, eterno, infinito, immutabile, onnisciente e creatore universale di tutte le cose - ha senza dubbio più realtà oggettiva dell'idea di una sostanza finita. Ora Cartesio applica alle idee un principio evidente, quello secondo cui la causa deve contenere in sé almeno tanta realtà formale quanta ne contiene l'effetto: W. TATARKIEWICZ, *Historja filosofii*, pp. 46 - 48.

di tutte le idee che sono in me, perché non vi riconosco nulla di così grande che non mi sembri di poter venire da me stesso. Solo dell'idea di Dio, sostanza infinita, non posso essere la causa io, che sono una sostanza finita. Quindi io non potrei avere l'idea di sostanza infinita, in quanto sono sostanza finita, se essa non fosse stata messa in me da qualche sostanza veramente infinita, cioè da Dio che esiste.[157]

Dobbiamo riconoscere e porre l'accento che per Sopoćko: *cogito ergo sum* di Cartesio e *Amo ergo sum*, sono due frasi inseparabili e, ovviamente con l'aggiunta del pensiero dei Padri: *se vuoi realizzarti, ama*. Agostino, il quale per il Nostro è uno dei più grandi maestri, completa il discorso scrivendo:

> «Domanda a un uomo che cosa desidera, ti risponderà che cerca la felicità. Ma gli uomini non conoscono né la strada né dove trovarla, e brancolano».[158]

Infatti, Cristo ci ha rimessi sulla buona strada, quella che porta alla Patria Celeste.

> «Come camminare? - s'interroga Sopoćko - se ami, corri. Più forte ami e più velocemente corri. È evidente, quando si sa che quell'amore con cui amiamo Dio o il prossimo è Dio stesso».[159]

---

[157]M. SOPOĆKO, *Poznajmy Boga*, cit., pp. 186,187; *Kazania o Miłosierdziu Bożym* (*Le omelie sulla misericordia di Dio*), Kuria Metropolitalna Białostocka, Białystok 2008, p. 83.
[158]*Ibid.*, pp. 71,72.
[159]M. SOPOĆKO, *Rekolekcje o Bożym Miłosierdziu z zapisków ks. Michała Sopoćki* (*Il ritiro sulla misericordia di Dio – dagli scritti di Sopoćko*), Wydawnictwo Księży Marianów, Warszawa 2007, p. 85.

3. Dio e la sua misericordia nella prospettiva tradizionale e agapica

Dopo aver studiato il contesto storico e culturale della teologia di Sopoćko e alcuni "incontri" più significativi, passiamo ora ad esaminare la ricezione sistematica di alcuni punti riguardanti la misericordia di Dio nelle *opere* del beato.

Verranno presi in considerazione la specificità della sua teologia, l'idea della misericordia di Dio nelle opere più significative e il suo insegnamento. Il passo successivo sarà l'inserimento del tema della misericordia nella Trinità; consulteremo i vari trattati, secondo la linea storica - analitica, studieremo le opere più importanti, dimostrando la specificità e il carattere della teologia del Nostro, osserveremo i passaggi chiave di fronte ai documenti dei vari papi di quel tempo. Richiameremo la questione sull'amore e quella sulla misericordia, mettendo in evidenza l'armonia tra la fede e la ragione.

3.1 La misericordia del Padre, del Figlio e dello Spirito Santo

Secondo Sopoćko, per impostare bene l'argomento, occorre fissare una premessa fondamentale: il rapporto tra Dio e la creatura è contrassegnato da una profonda asimmetria, come si desume dal seguente testo della *Summa,* utilizzato dal Nostro teologo per la ricerca:

> «Per creazione attiva s'intende l'azione di Dio che è (...) la sua essenza, con in più una relazione verso la creatura (*relatio ad creaturam*)».[160]

Gesù Cristo ha rivelato agli uomini il Padre ed ha donato lo Spirito. Egli ci ha fatto conoscere il mistero della vita divina come la sorgente ed il modello di tutta la realtà, anche della misericordia. Se vogliamo parlare di Dio misericordioso nella teologia di Sopoćko, dobbiamo parlare delle Persone divine che vivono la misericordia nei confronti delle creature: la misericordia del Padre, la misericordia del Figlio, la misericordia dello Spirito Santo.[161] Nel "fare la teologia della misericordia", non si tratta d'imparare un'idea, ma di entrare in relazione con una Persona, sarebbe stato più esatto precisare con tre Persone. In realtà la misericordia, essendo una caratteristica di relazione, non può sussistere con "un solo" individuo. Se io sono da solo, non posso essere misericordioso, perché la misericordia richiede una relazione; affinché io possa

[160] *S. Th.*, I, 45,3,ad 1; M. SOPOĆKO, *Miłosierdzie Boga w dziełach Jego - vol. I*, p. 17.
[161] M. SOPOĆKO, *Poznajmy Boga*, pp. 21-25.

provare amore deve esserci un altro fuori di me; per esercitare la misericordia dobbiamo essere almeno in due.

Dio, in sé, anche senza la storia del mondo, anche senza l'esistenza della creazione, è misericordia, perché la natura di Dio, la sostanza divina, l'unica sostanza divina è caratterizzata da tre Persone. Infatti, il Dio della nostra fede si è rivelato come colui che è; si è fatto conoscere come:

> «Ricco di grazia e di misericordia (Es 34,6). Il suo Essere stesso è Verità e Amore».[162]

Unus Deus Trinitas. Al termine del lungo lavoro di riflessione, portato avanti dai Padri della Chiesa e consegnato nelle definizioni dei Concili, la Chiesa parla del Padre, del Figlio e dello Spirito Santo come di tre "Persone", che sussistono nell'unità dell'identica sostanza divina. Infatti, dire "persona", significa fare riferimento a un ente unico di natura razionale, come opportunamente chiarisce già Boezio nella sua famosa definizione (*Persona proprie dicitur rationalis naturae individua substantia,* in *De duabus naturis et una persona Christi*) e che Sopoćko inserisce nella sua teologia della misericordia (sostanza individuale di una natura razionale).[163]

La Chiesa antica precisava però subito che la natura intellettuale in Dio non è moltiplicata con le Persone; essa resta unica, così che il credente può proclamare col

---

[162] CCC n° 231.

[163] M. SOPOĆKO, *Miłosierdzie Boga w dziełach Jego - vol. I*, p. 25.

simbolo *Quicumque*: "Non tre dèi ma un unico Dio". Il mistero si fa qui profondissimo: tre Persone distinte e un solo Dio. Come è possibile? La ragione comprende che non v'è contraddizione, perché la trinità è delle Persone e l'unità della Natura divina. Resta però la difficoltà: ciascuna delle Persone è il medesimo Dio; come possono allora distinguersi realmente?

La risposta è sul concetto di "relazione". Le tre Persone divine si distinguono fra loro unicamente per le relazioni che hanno l'Una con l'Altra: e precisamente per la relazione del Padre con il Figlio, del Figlio con il Padre; del Padre e del Figlio con lo Spirito, dello Spirito con il Padre e il Figlio. In Dio, costata il Nostro, il Padre è pura Paternità, il Figlio pura Figliolanza, lo Spirito Santo puro "Nesso di Amore" dei Due, cosicché le distinzioni personali non dividono la medesima e unica Natura divina dei Tre.[164]

A questo punto, già si potrebbe ripresentare "la teologia della misericordia di Sopoćko, cioè "lo studio sulla relazione con Dio in quanto misericordioso". Essa perfeziona e illustra molto bene il concetto di relazione, aprendo un nuovo capitolo nella teologia.[165]

---

[164] M. SOPOĆKO,
[165] *Ibid.*, cit., p. 19.

3.2 Il tema della misericordia nella Trinità

Prima di procedere, sarà utile riportare alcuni testi dei vari concili. L'XI Concilio di Toledo (675) precisa con finezza:

> «Ciò che il Padre è, lo è non in riferimento a sé, ma in relazione al Figlio; e ciò che è il Figlio, lo è non in riferimento a sé, ma in relazione al Padre; allo stesso modo lo Spirito Santo, in quanto è predicato Spirito del Padre e del Figlio, lo è non in riferimento a sé, ma relativamente al Padre e al Figlio».[166]

Il Concilio di Firenze (1442), invece, ha potuto perciò affermare:

> «Queste tre Persone sono un unico Dio (...) perché dei Tre unica è la sostanza, unica l'essenza, unica la natura, unica la divinità, unica l'immensità, unica l'eternità; in Dio infatti tutto è una cosa sola, ove non c'è opposizione di relazione».[167]

Le relazioni che distinguono così il Padre, il Figlio e lo Spirito Santo, e che li rivolgono realmente l'Uno verso l'Altro nel loro stesso essere, possiedono in se stesse tutte le ricchezze di luce e di vita della natura divina, con la quale esse s'identificano

---

[166]Cf. H. DENZINGER, A. SCHÖNMETZER, *Enchiridion Symbolorum definitionum et declarationum de rebus fidei et morum*, Herder, Barcelona 1973, p. 528.
[167]*Ibid.*, cit., p. 1330.

totalmente. Nella teologia del Nostro, esse vengono chiamate le relazioni “sussistenti”, che in forza del loro slancio vitale si fanno l’una incontro all’altra, in una comunione nella quale la totalità della Persona è apertura all’altra, paradigma supremo della sincerità e libertà spirituale a cui devono tendere le relazioni interpersonali umane, sempre assai lontane da tale trascendente modello.[168]

Per Sopoćko il mistero fondamentale della fede è proprio l’Unità e la Trinità di Dio ed è da questa verità fondamentale che deriva il secondo grande mistero: l’incarnazione e la redenzione. Dio è misericordia in se stesso. Non ha bisogno di nient’altro al di fuori di sé per essere misericordioso, proprio perché è una “comunità” che vive perfettamente queste relazioni.[169]

Il Nostro presenta Dio Padre come la fonte, l’origine della misericordia, la misericordia originale, l’iniziativa della misericordia, l’origine del dono. Il Padre è caratterizzato dal verbo “donare”, “dare”, mentre il Figlio è colui che “riceve”. La grande metafora di Padre e Figlio richiama proprio questa realtà: il Padre è colui che dà la vita, il Figlio è colui che riceve la vita. Non c’è Padre senza Figlio: sono concetti relativi, non assoluti.[170] Infatti, uno non può essere chiamato “padre” se non ha un “figlio” e chiamando uno “figlio”, necessariamente si richiede che ci sia un “padre”. Ecco già la relazione fondamentale delle Persone: Dio è Padre in quanto dà la vita ed è Padre “Eterno”, cioè dall’eternità è Padre. Non ha cominciato ad essere Padre, ma da sempre è Padre. Il paragone con la nostra realtà umana pone un problema:

[168]M. SOPOĆKO, *Poznajmy Boga*, pp. 21,25.
[169]M. SOPOĆKO, *Miłosierdzie Boga w dziełach Jego - vol. I*, p. 13.
[170]M. SOPOĆKO, *Poznajmy Boga*, p. 21.

effettivamente, un uomo diventa padre solo ad un certo momento della sua vita. Prima non lo era; solo quando gli nasce un figlio, diventa padre. Così il figlio, prima di essere nato non esiste. Questo riferimento alla situazione dell'uomo ha prodotto molti sbagli nella storia della teologia: sono le eresie trinitarie. Senza soffermarci su tutta questa problematica, sottolineiamo solo la verità di fede.

A differenza di ciò che succede agli uomini, Dio è Padre *ab aeterno*, dall'eternità; così come è Figlio *ab aeterno*; lo è di natura sua, non lo è diventato.

Sopoćko sostiene che Dio è misericordia in quanto Padre che dà la vita, che comunica l'essere, che dona se stesso, come prima azione. Allora la prima caratteristica della misericordia di Dio è l'iniziativa del "dare". Il Figlio, poi, è colui che riceve e risponde; mentre lo Spirito Santo è l'Amore stesso fatto Persona, è l'unione del Padre e del Figlio. Il reciproco "amore relazionale", che sia uguale alla misericordia del Padre e del Figlio procede in loro e da loro come Persona: il Padre e il Figlio "spirano" lo Spirito d'Amore a loro consustanziali.[171]

Difatti, nella Chiesa è presente già dagli inizi la convinzione che lo Spirito Santo procede dal Padre e dal Figlio come Amore. Le radici della tradizione dei Padri e Dottori della Chiesa sono nel Nuovo Testamento e particolarmente nelle parole di san Giovanni nella sua prima lettera: «Dio è Amore» (1Gv 4,8).

[171]M. SOPOĆKO, *Poznajmy Boga*, pp. 20-24.

Queste parole riguardano l'essenza stessa di Dio, nella quale le tre Persone sono una sola sostanza, e tutte sono egualmente Amore, cioè Volontà del bene, propensione interna verso l'oggetto dell'amore, entro e fuori della vita trinitaria.[172]

Ecco dove s'inserisce il tema della misericordia nella Trinità, che sicuramente non viene presentato in maniera diretta, ma indiretta. Ma, come dice Sopoćko, è giunto il momento di far osservare, con san Tommaso d'Aquino e con gli altri grandi maestri della teologia, che il nostro linguaggio è povero di termini per esprimere l'atto di volontà che porta l'amante nell'amato.[173] Ciò dipende dall'interiorità dell'amore, che procedendo dalla volontà, o dal cuore - non è così lucido e autoconsapevole come il processo dell'idea della mente. Da qui dipende che, mentre nella sfera dell'intelletto disponiamo di parole diverse per esprimere il rapporto tra il conoscente e l'oggetto conosciuto (*intendere, intelligere*) e ugualmente l'emanazione dell'idea dalla mente nell'atto della conoscenza (dire la parola, o Verbo, procedere come parola dalla mente), non avviene lo stesso nella sfera della volontà e del cuore. Per il fatto che uno ama qualcosa, risulta in lui e nel suo affetto, un'impressione, per così dire, dell'oggetto amato, in forza della quale l'amato è nell'amante come la cosa conosciuta è in chi la conosce.

Perciò, quando uno conosce e ama se medesimo, è in se stesso, non solo perché è identico a se medesimo, ma anche perché è oggetto della propria conoscenza e del proprio amore. Nel linguaggio umano, non furono coniate altre parole per esprimere il rapporto esistente tra l'affezione, o l'impressione suscitata dall'oggetto amato, e il

[172]Y. CONGAR, *Credo nello Spirito Santo – lo spirito come vita*, vol. II, Queriniana, Brescia 1982, pp. 120-122.
[173]M. SOPOĆKO, *Miłosierdzie Boga w dziełach Jego - vol. I*, p. 49.

principio (interiore) da cui essa promana, o viceversa. Quindi, per la povertà di vocaboli (*propter vocabulorum inopiam*), tali rapporti vengono anch'essi indicati con i termini "amore – misericordia", "dilezione"; ed è come se uno desse al Verbo i nomi d'intellezione concepita, o di sapienza generata. Di qui la conclusione di Tommaso:

> «Se nei termini amore e amare (*diligere*) s'intende indicare solo il rapporto tra l'amante e la cosa amata, essi (nella Trinità) si riferiscono all'essenza divina, come gli altri termini "intellezione" e "intendere". Se invece usiamo quegli stessi termini per indicare i rapporti esistenti tra ciò che deriva o procede come atto e oggetto dell'amore, e il principio correlativo, in modo che "Amor" sia l'equivalente di "Amore che procede", e "Amare" (*diligere*) l'equivalente di "spirare l'amore procedente", allora Amore è nome di persona (...), ed è proprio dello Spirito Santo» (*Summa theologiae*, I, q. 37, a. 1).

L'analisi terminologica condotta da san Tommaso, è stata molto utile per il teologo polacco sul tema della misericordia, e per raggiungere una nozione relativamente chiara dello Spirito Santo come Amore-Persona, in seno alla Trinità che tutta "è Amore". Va detto che l'attribuzione dell'Amore allo Spirito Santo, come suo nome proprio, si trova anche nell'insegnamento dei Padri della Chiesa, dei quali Sopoćko si nutre. A loro volta i Padri sono gli eredi della rivelazione di Gesù e della predicazione degli apostoli, che conosciamo anche da altri testi del Nuovo Testamento. Così nella preghiera sacerdotale, rivolta al Padre nell'ultima cena, Gesù dice:

«E io ho fatto conoscere loro il tuo nome e lo farò conoscere, perché l'amore con il quale mi hai amato sia in essi e io in loro» (Gv 17,26.24).

Si tratta dell'amore con il quale il Padre ha amato il Figlio "prima della creazione del mondo". Secondo il pensiero di Sopoćko, le parole di Gesù indicano qui, almeno indirettamente, lo Spirito Santo, l'Amore con il quale il Padre ama eternamente il Figlio, eternamente amato da lui.[174] Ma già san Tommaso aveva esaminato accuratamente un testo di sant'Agostino su questo reciproco amore del Padre e del Figlio nello Spirito Santo, discusso da altri scolastici a causa dell'ablativo con cui era passato nella teologia medievale: *Utrum Pater et Filius diligant se Spiritu Sancto*, e aveva concluso la sua analisi letteraria e dottrinale con questa bella spiegazione:

«A quel modo che diciamo che l'albero fiorisce nei fiori, così diciamo che il Padre dice se stesso e il creato nel Verbo, o Figlio, e che il Padre e il Figlio amano se stessi e noi nello Spirito Santo, cioè nell'Amore procedente».[175]

Da queste radici si è sviluppata la tradizione sullo Spirito Santo come Persona - Amore. L'economia trinitaria della santificazione salvifica ha permesso ai Padri e Dottori della Chiesa di "penetrare con lo sguardo" nel mistero intimo di Dio - Trinità.

---

[174]M. SOPOĆKO, *Miłosierdzie Boga w dziełach Jego - vol. I*, pp. 285-288.
[175]*Summa theologiae*, cit., I, q. 37, a. 2.

Così ha fatto anche sant'Agostino, specialmente nell'opera *De Trinitate*, contribuendo in modo decisivo all'affermazione e diffusione di questa dottrina in Occidente. Dalle sue riflessioni emergeva la concezione dello Spirito Santo come reciproco Amore e legame d'unità tra il Padre e il Figlio nella comunione della Trinità. Egli scriveva:

> «Come chiamiamo propriamente il Verbo unico di Dio col nome di Sapienza, benché generalmente lo Spirito Santo e il Padre stesso siano Sapienza, anche lo Spirito riceve in proprio il nome di Carità, benché il Padre e il Figlio siano, in senso generale, Carità.[176] Lo Spirito Santo è qualcosa di comune al Padre e al Figlio (...) la stessa comunione consostanziale e coeterna (...). Essi non sono più di tre: uno che ama colui che è da lui; uno che ama colui dal quale riceve la sua origine; e l'amore stesso».[177]

La stessa dottrina si trova in Oriente, dove i Padri parlano dello Spirito Santo come di colui che è l'unità del Padre e del Figlio e il legame della Trinità. Così Cirillo d'Alessandria (+ 444) ed Epifanio di Salamina (+ 403). Su questa linea sono rimasti i teologi orientali delle epoche successive. Tra essi il monaco Gregorio Palamas, arcivescovo di Tessalonica (sec. XIV), che scrive:

---

[176]S. AGOSTINO, *De Trinitate*, XV, 17,31: CC 50, cit., p. 505.
[177]*Ibid.*, VI, 5,7: CC 50, cit. pp. 295,236.

«Lo Spirito del Verbo supremo è come un certo amore del Padre verso il Verbo misteriosamente generato; ed è lo stesso amore che l'amatissimo Verbo e Figlio del Padre ha per colui che lo ha generato».[178]

È la dottrina d'Oriente e d'Occidente, che il Papa Leone XIII coglieva dalla tradizione e sintetizzava nella sua enciclica sullo Spirito Santo, dove si legge che lo Spirito Santo "è la divina Bontà e il reciproco Amore del Padre e del Figlio".[179]

Tra gli autori più recenti ci piace citare anche Bulgakov:

«Se Dio, che è nella santissima Trinità, è amore, lo Spirito Santo è Amore dell'amore».[180]

Ma, per conchiudere, torniamo ancora una volta a sant'Agostino:

«L'Amore è da Dio ed è Dio: è dunque propriamente lo Spirito Santo, per il quale si espande la carità di Dio nei nostri cuori, facendo dimorare in noi la Trinità (...) Lo Spirito Santo è chiamato propriamente Dono a motivo dell'Amore».[181]

Poiché è Amore, lo Spirito Santo è dono.

---

[178]Cf. SCAZZOSO PIERO, *La teologia di san Gregorio Palamas*, Istituto di studi teologici ortodossi S. Gregorio Palamas, Milano 1970, p. 103.
[179]H. DENZINGER, A. SCHÖNMETZER, *Enchiridion Symbolorum definitionum et declarationum de rebus fidei et morum*, p. 3326.
[180]Cf. S. N. BULGAKOV, *Il Paraclito*, Bologna 1972, p. 121.
[181] S. AGOSTINO, *De Trinitate*, XV,18,32: PL 42, cit. pp. 1082-1083.

4. LA MISERICORDIA DI DIO NELLA TEOLOGIA SISTEMATICA DI SOPOĆKO

L'interpretazione del tema della misericordia si trova nei quattro volumi dell'opera del teologo polacco - *La misericordia di Dio nelle Sue opere*. La peculiarità di quest'*opera* consiste nel presentare la misericordia di Dio come l'opera straordinaria di Dio. L'argomento a favore di questa identificazione proviene da una lettura simultanea del Salmo 145.

> «Paziente e misericordioso è il Signore, lento all'ira e ricco di grazia. Buono è il Signore verso tutti, la sua tenerezza si espande su tutte le creature. Ti lodino, Signore, tutte le tue opere e ti benedicano i tuoi fedeli» (Sal 145,8-10).

Sopoćko nella sua teologia studia la credibilità del giudizio della fede: Gesù, "la misericordia incarnata" è il Cristo. Per questo, il tema della misericordia parte dal concetto affermativo che Dio esiste[182]e che l'idea di Dio già c'é dentro di noi, sia pure molto "annebbiata".[183]

Un'altra osservazione importante del Nostro riguarda la parola Dio presente in tutte le lingue del linguaggio umano. Le analisi degli scienziati spesso si riferiscono alle parole più arcaiche e più antiche, con le quali gli uomini avevano la consuetudine

---

[182]M. SOPOĆKO, *Poznajmy Boga w Jego Miłosierdziu*, p. 171.
[183]M. SOPOĆKO, *Miłosierdzie Boga w dziełach Jego - vol. I*, p. 42.

di esprimere una realtà. Allora, prima di procedere l'analisi dei testi, non sarà inutile porsi una domanda. Quale realtà nei nostri pensieri corrisponde alla parola Dio? - cioè che ne pensiamo su di יהוה? Il nostro pensare Dio, come afferma il teologo polacco nelle prime ricerche sistematiche,[184]sicuramente è molto impreciso e imperfetto, anche perché:[185] «Dio nessuno l'ha visto mai»(Gv 1,18).

La verità è che sulla terra non possiamo creare un concetto preciso su di Lui, come, altronde diceva l'apostolo Paolo:

> «Adesso vediamo come in uno specchio, in immagine; ma allora vedremo faccia a faccia. Adesso conosco in parte, ma allora conoscerò perfettamente, come perfettamente sono conosciuto» (1 Cor 13,12).

Adesso stiamo conoscendo Dio attraverso il riflesso della sua bontà e misericordia nello specchio delle cose create;[186] dichiara Sopoćko.

---

[184]Riguardo alla parola sistematica che si va sostituendo alla dogmatica, si intende una scienza sintetica che leggendo la scrittura, facendola risuonare nella tradizione e nel magistero, e, attraverso le scienze umane, fa parlare la teologia nel linguaggio odierno. In questo esistono più teologie, che s'integrano tra di loro, il Cristo è solo uno, ma ci sono più cristologie.

[185]M. SOPOĆKO, *Poznajmy Boga w Jego Miłosierdziu*, p. 18; *Miłosierdzie Boże wzgledem grzeszników*, artykuł (articolo), AZSJM,1948, pp. 104,105; *Miłosierdzie Boga w dziełach Jego - vol. I*, p. 52,53.

[186]*Ibid.*, cit., p. 49.

4.1 Dio è amore e misericordia

In alcune *opere* pubblicate da Sopoćko,[187]troviamo un'affermazione rilevante, secondo la quale bisogna cercare la convinzione d'essere amati da Dio. Il fondamento della relazione tra uomo e Dio è la misericordia. Conforme a quest' asserzione è la Sacra Scrittura, perché essa possiede il "potere" di versare nel cuore la convinzione dell'amore di Dio, il quale nei nostri confronti è misericordioso, eterno e immutabile.

Il Nostro, nel discorso teologico, pone l'attenzione sul fatto che nei libri della Sacra Scrittura, dell'Antico e del Nuovo Testamento, la misericordia divina è menzionata molte volte. Il Libro dei Salmi ne parla di più degli altri e nel modo più eloquente. Tra i centocinquanta salmi ben cinquantacinque lodano in modo specifico proprio questa perfezione di Dio, e nel salmo cento trentacinque ogni versetto torna come ritornello: "Perché eterna è la sua misericordia".[188]

Secondo quanto afferma la Sacra Scrittura, Sopoćko sottolinea che più di quattrocento passi lodano direttamente la misericordia, il Libro dei Salmi centotrenta, e altri brani molto più numerosi lodano la divina misericordia indirettamente. Infatti, il Salmista, parlando sulla misericordia, non si accontenta della sola parola "misericordioso", ma offre tutta una serie di sinonimi, come se volesse rinforzare la nostra convinzione sull'incommensurabile misericordia di Dio.[189]

---

[187]M. SOPOĆKO, *Gods is Mercy. Meditations on God's Most Consoling Attribute*, Stockbridge 1965, London 1965; *Domine, miserere nobis! De Christo Salvatore Miserentissimo adorando et de sua misericordia generi humano imploranda*, Oxon 1968.
[188]M. SOPOĆKO, *Miłosierdzie Boże*, art., pp. 104,105.
[189]*Ibid.*, p. 106.

Introducendo il tema trattato, il teologo polacco inizia la ricerca da un testo dell'Antico Testamento che permette di entrare nella riflessione più profonda. Si tratta del Salmo 58 (59) all'ultimo versetto, che ha una formulazione molto interessante:

> «O mia forza a te voglio cantare, poiché tu sei, o Dio, la mia difesa; mio Dio, tu sei la mia misericordia» (Sal 58, 18).

Deus meus, misericordia mea - secondo Sopoćko è uno strano ragionamento quello che ci è proposto con l'uso di questo possessivo. Non dice: tu sei misericordia per me, tu sei misericordioso nei miei confronti, ma "tu sei la mia misericordia". Significa che io dipendo da te. L'origine del mio essere sei tu. In quanto origine, Dio è chiamato "misericordia", come fonte e come inizio. Il mio Dio è la mia misericordia, è il mio essere, è l'origine del mio essere, perché io derivo da un atto di amore e io esisto per un atto di amore.[190]

Il testo più famoso di tutto l'Antico Testamento che celebra la misericordia di Dio è senza dubbio il Salmo 135 (136), chiamato il grande *Hallel* pasquale. È quella famosa litania con cui il gruppo dei fedeli risponde sempre nello stesso modo al ricordo delle opere di Dio: «Quia in aeternum misericordia eius».[191]

Il versetto iniziale *Lodate il Signore perché è buono, perché eterna è la sua misericordia* è uno dei ritornelli lirici di preghiera più frequente nella Bibbia, proprio

---

[190]M. SOPOĆKO, *Jezus Król Miłosierdzia* (*Gesù il Re della misericordia*), Wydawnictwo Księży Marianów - MIC, Poznań 1948, Warszawa 2005, pp. 43,44.
[191]*Ibid.*, p. 152.

perché gli antichi Israeliti avevano maturato questa grande idea: l'essenza di Dio è la misericordia. Tutto ciò che esiste deriva dalla natura misericordiosa di Dio, e Sopoćko ne era pienamente consapevole. Grazie all'illuminazione divina, matura proprio questa convinzione, che la misericordia di Dio si realizza nella creazione e nella redenzione, nella natura e nella storia.

Il Salmo 135 (136), invece, è diviso in due parti: la prima parte (v. 1-9) ricorda le opere divine della creazione; la seconda parte (v. 10 -26) le opere della redenzione. Infatti, il Nostro teologo nelle sue *opere*,[192] elabora il concetto della misericordia di Dio che si rivela proprio in quest'azione all'esterno.

chiaro che i teologi già hanno catalogato le operazioni di Dio in due grandi capitoli: *ad intra* e *ad extra*. Dio è misericordia al proprio interno, nella vita intratrinitaria; Dio è misericordia uscendo da sé, creando il mondo e guidando la storia. Noi abbiamo esperienza solo delle operazioni di Dio verso l'esterno, cioè della creazione, della natura che possiamo vedere e studiare, e della storia che viviamo e studiamo. Ma è molto importante ricordare che la creazione e la storia hanno senso perché derivano da Dio.

Il senso della creazione e della storia dipende strettamente dalla natura intrinseca di Dio. La riflessione teologica di Sopoćko sulla Trinità in sé, non è una ripetizione delle cose già conosciute, ma un'interpretazione della creazione e della storia secondo la misericordia. Infatti, ciò che avviene nel mondo è conseguenza di ciò che esiste in Dio. Dio non ha creato il mondo, perché aveva bisogno del mondo, né dell'universo,

---

[192]M. SOPOĆKO, *Miłosierdzie Boga w dziełach Jego - vol. I-IV.*

né dell'umanità; non ha creato per bisogno, ma per amore, per misericordia. Dio non ha scelto un popolo e non è intervenuto nella storia degli uomini, perché aveva bisogno degli uomini, ma per pura gratuità, per assoluta generosità. Egli è all'origine di tutto, ed è misericordia perché può dare senza chiedere niente in cambio, perché non ha bisogno di niente. È perfetto e pienamente realizzato in sé. Dio è misericordia in quanto Padre, relativo al Figlio, in quanto Figlio relativo al Padre, in quanto Spirito relativo al Padre e al Figlio. Dio misericordia in quanto relativo al mondo, ha effuso il suo amore sulle creature. La misericordia è la relazione tipica di Dio con l'uomo, creato a immagine di Dio; l'uomo creato è capace di conoscere Dio, di amare Dio, di entrare in relazione con Lui.

Il fatto che l'uomo è stato creato a immagine di Dio pone l'uomo in un rapporto relativo di signoria sul cosmo, relativo perché riferito al Creatore. L'uomo non è padrone del mondo nel senso che può farne quello che vuole. Egli è nel mondo il rappresentante di Dio, è il luogotenente, come colui che tiene il posto di Dio nel mondo e allora deve rapportarsi al mondo come Dio si rapporta con esso, non sfruttandolo, ma ponendosi al servizio nello stesso mondo. Nell'obbedienza al creatore l'uomo domina il creato.[193]

[193]Sopoćko, nelle sue *opere* pubblicate sottolinea il contrasto che c'è nella giustapposizione di obbedienza e dominio. L'uomo domina solo se obbedisce, quindi non è un superiore assoluto; è superiore solo se è dipendente, solo se obbedisce al Creatore, cioè se ha la stessa attenzione e disponibilità del Creatore, nei riguardi del mondo. Il termine ebraico che viene adoperato nel testo della Genesi (tradotto con il verbo italiano «dominare») non indica tanto il dominio, come assoluto spadroneggiamento sulle realtà inferiori, ma evoca il gesto del pastore, di colui che custodisce, controlla, pasce il gregge, quindi «serve» il gregge, guida il gregge al pascolo, lo porta ad abbeverarsi, lo fa entrare, lo fa uscire; lo «domina» nel senso che lo serve, che lo guida, che lo aiuta. Questo è il riflesso, con un esempio ecologico, della misericordia di Dio. L'uomo a immagine di Dio non si mette di fronte al cosmo con il criterio dell'utilizzo del creato per sé. La realtà della misericordia di Dio porta alla contemplazione del cosmo con criteri di gratuità per cui l'uomo adopererà ciò che gli serve con saggezza e gratitudine a Dio, e ammirerà e rispetterà tutto ciò che non gli serve; M. SOPOĆKO, *Poznajmy Boga w Jego Miłosierdziu*, pp. 69-75.

«Chi non rimarrebbe meravigliato dall'abbondanza di espressioni delle Scritture che parlano della misericordia divina! Chi non chiederebbe perché l'Autore ispirato agisce in questo modo?»;[194]s'interroga il Nostro.

In questo fatto vediamo la volontà di Dio che desidera donare la sua misericordia agli uomini e risvegliare in loro la fiducia. Dio vuole istruirci sulla sua vita interiore, sulla sua relazione verso le creature e particolarmente verso gli uomini. Dio vuole essere da noi adorato nella sua misericordia, perché possiamo imitarlo nelle nostre azioni.[195]

È evidente in questa constatazione il richiamo di Sopoćko ad un principio: Dio ama non soltanto in generale tutti, ma soprattutto personalmente, esclusivamente; come se il singolo fosse l'unica esistenza umana. Dio ama ciascuno di noi personalmente nelle sue opere, però in modo ancora più evidente si rivela nell'offerta del suo Figlio. L'offerta del suo Figlio significa che l'uomo è il fine del suo amore.[196]

Per il teologo polacco, infatti, il punto di riferimento per la pienezza del quadro sulla misericordia di Dio è "l'eterna verità" definita da san Giovanni nel suo vangelo.[197] La sua figlia spirituale, invece, santa Faustina nel *Diario* aggiunge che: «Dio è amore e misericordia».[198]

---

[194]M. SOPOĆKO, *Miłosierdzie Boga w dziełach Jego - vol. I*, cit., p. 9.
[195]*Ibid.*, pp. 10,16.
[196]Cf. M. SOPOĆKO, *Serce Jezusa a Miłosierdzie Boże*, p. 46.
[197]M. SOPOĆKO, *Gods is Mercy. Meditations on God's Most Consoling Attribute*, Stockbridge 1965, p. 9.
[198]Cf. F. KOWALSKA, *Diario - la misericordia divina nella mia anima*, L. E. V., Città del Vaticano 2004, n°; 1, 29, 159, 197, 278, 281, 302, 328, 408, 469,589,658,718,751,815,853,1682,1823.

Kowalska sottolinea che qui si "tocca" l'incomprensibile mistero. Cercando di avvicinarsi a quel mistero, scrisse che:

> «La misericordia è il fiore dell'amore; Dio è amore, la misericordia è la sua opera, nell'amore opera, nell'amore si svela».[199]

Dalla base del concetto della misericordia divina si comprende la verità sull'amore di Dio. I due concetti non sono staccati, ma formano un'inseparabile unità. L'amore costituisce la sorgente, la fortezza e l'ispirazione della misericordia, dando la possibilità di una realizzazione concreta all'operare. L'amore irraggiungibile si lascia catturare nella misericordia.[200] I due termini sono interscambiabili, come due aspetti dell'unica realtà.

Sopoćko, paragonando questi due attributi di Dio, riflette innanzitutto sul termine "amore". Lo definisce come aspirazione verso il sommo bene. Quest'aspirazione può essere "naturale" cioè precisa "attraverso i sensi" o "intellettuale", cioè per il tramite dello spirito.[201]

Perciò il Nostro presenta l'amore distinto in due significati; "amore dell'ispirazione" e "amore gentile (gratuito)". L'amore passionale, invece secondo il teologo polacco, può definirsi passionalità verso una cosa o una persona, interesse nei

---

[199]*Ibid.*, cit., n° 651.
[200]Cf. H. WEJMAN, *Zbawcza wartość duchowości miłosierdzia*, Poznań 1999, p. 31.
[201]M. SOPOĆKO, *Miłosierdzie Boże nadzieją ludzkości*, Wrocław 1948, p. 13; *Misericordia Divina unica speranza per il genere umano*, Cordoba 1951, 1953, Roma 1954, 1956, Udine 1954.

confronti di chi si ama, dal quale il risultato è il bene. Utilizzando il metodo di "negazione", si deve escludere in Dio questo tipo d'amore, perché Dio è autosufficiente e *aseitas* (l'essere di per Sé), non riceve alcun profitto amando le creature. Dio ama le sue creature con "l'amore gentile", noto nell'uomo come un bene, però questo bene è dipendente. Dio da solo riversa il bene, lo migliora, elimina le mancanze umane, fa uscire l'uomo dalla miseria o la previene nei confronti di lui. Per questo, Amore di Dio verso un "ente inferiore", cioè verso l'essere che possiede le mancanze, è misericordia.[202]

La misericordia come "compassione", invece, secondo il pensiero del Nostro, si può già osservare anche negli animali: ad esempio un cane che si avvicina docile al suo padrone sofferente.[203]

Sopoćko indica la reciproca dipendenza della misericordia e dell'amore. Tra l'amore di Dio e la misericordia esiste un profondo nesso. Venerando, anzi celebrando la misericordia di Dio, afferma il Nostro, lodiamo l'amore di Dio.[204] Nello stesso tempo, argomentando, continua: usiamo spesso la parola misericordia e non amore, perché nel significato popolare, l'amore per gli uomini, indica tutto un'altra cosa. La misericordia, invece, da una parte evidenzia meglio l'oscurità del peccato e stimola il peccatore alla conversione, dall'altra parte sottolinea l'infinita pietà di Dio, dimostrandola nella rivelazione del mistero dell'Incarnazione e della Redenzione. Questa nostra indigenza in tutti i sensi, afferma Sopoćko, aumenta nel tempo e per

---

[202]M. SOPOĆKO, *Serce Jezusa a Miłosierdzie Boże*, Wiadomości Duszpasterskie, Białystok 1948, p. 225.
[203]M. SOPOĆKO, *Miłosierdzie Boże nadzieją ludzkości* (*Misericordia Divina unica speranza per il genere umano*), Wrocław 1948, p. 13.
[204]Cf. M. SOPOĆKO, *Kult Serca Jezusowego a Kult Miłosierdzia Bożego*, Polonia Sacra, art. pp. 355,356.

questo Dio manda il suo Figlio, per la nostra salvezza. Dio soccorre l'uomo e lo solleva dalla sua miseria. Questo gesto si può chiamare solamente misericordia e se troviamo nella Sacra Scrittura la parola amore, essa indica misericordia nello stretto significato del termine.[205] La misericordia si dimostra come riflesso particolare dell'amore di Dio. Perciò, il teologo polacco non si stanca di scrivere che, quando parliamo dell'amore di Dio nei confronti degli uomini, sempre bisogna parlare della sua misericordia.[206]

Sopoćko con la sua ricerca teologica, arriva all'importante intuizione, annunciata già nel titolo del paragrafo della sua opera: *Conosceremo Dio nella sua misericordia*, partendo proprio dalla definizione giovannea di Dio; ό θεός ἀγάπη ἐστίν (1Gv 4,8.16)

Il Nostro coglie le parole di san Giovanni, che illuminano in particolare il centro e l'essenza del mistero: Dio è l'essere assoluto perché è atto sostanziale di amore.[207] Infatti, precisa che Dio non ha soltanto amore, ma che "è Amore" in rapporto, o meglio ancora, in relazione alla miseria delle creature, cioè è la misericordia.

Rafforzando la tesi del teologo, nel Nuovo Testamento troviamo molti riferimenti alla misericordia del Padre, alcuni espliciti e importanti. San Paolo, scrivendo ai Corinti, introduce la sua riflessione con una preghiera tipicamente ebraica, una "benedizione": «Sia benedetto Dio, Padre del Signore nostro Gesù Cristo, Padre misericordioso e Dio di ogni consolazione» (2 Cor 1,3).

---

[205]M. SOPOĆKO, *Misericordia Divina unica speranza per il genere umano*, cit. p. 14.
[206]M. SOPOĆKO, *Kult Serca Jezusowego a Kult Miłosierdzia Bożego*, p. 36.
[207]Con questa intuizione, Sopoćko, si avvicina alla posizione di sant'Agostino il quale, contemplando il mistero della Trinità alla luce delle Sacre Scritture, parla delle tre ipostasi come dell'amante, dell'amato e dell'amore; Cf. *De Trinitate* 8,8,12;10,14; M. SOPOĆKO, *Poznajmy Boga w Jego Miłosierdziu*, p. 52.

Il Padre del Signore nostro Gesù Cristo è qualificato come il "Padre misericordioso". Così nella Lettera ai Romani, quando l'apostolo inizia la trattazione morale, scrive: «Vi esorto dunque, fratelli, per la misericordia di Dio ad offrire i vostri corpi» (Rom 12,1).

Infatti, l'aggancio con la vita morale del cristiano si ottiene attraverso la riflessione, l'imitazione della misericordia di Dio.

Infine, la misericordia del Padre, cioè il suo atteggiamento di dono, è l'elemento fondamentale dell'esperienza cristiana: il Padre di Gesù Cristo è il Padre misericordioso; la vita del cristiano dipende dalla misericordia di Dio.

Per questo, secondo Sopoćko, Cristo Signore usa quest'attributo di Dio: perché il Padre è misericordioso.

4.2 La misericordia Dio nell'incarnazione

Quando esploriamo le *opere* di Sopoćko (1947-1967), ci accorgiamo della continuità e dello sviluppo dei concetti, che in seguito vengono approfonditi e riletti in chiave dogmatica. Il termine attesa, spesso evidenziato dal teologo, esprime bene la situazione dell'uomo che vive per l'avvenire, la cui realizzazione dipende dall'avvento misterioso di Cristo nella sua vita. L'attesa di un avvenire, esplicitamente dimostrata dal Nostro, non può essere scoperta dalla ragione umana, non può essere realizzata dalla libertà; l'avvenire non è posseduto, ma ricercato, invocato ed implorato. Il mistero dell'insoddisfazione del cuore umano è tutto presente nell'attesa d'un avvenire sconosciuto, ma invocato. La presentazione di quest'attesa s'inspira al concetto storico-salvifico dell'attesa, dell'avvento di Dio-Salvatore.[208]

Infatti, questa idea, la sorgente dell'attesa, si trova nelle profondità misteriose dell'essere creato, che partecipa della vita del Verbo ed è creato per Cristo. L'apertura ontologica dell'essere a Cristo trova la sua manifestazione nella "storia" di ogni uomo. Con il termine "atteso", il Sopoćko indica la manifestazione dinamica dell'apertura dell'essere a Cristo. L'attesa si può trovare in tutte le principali manifestazioni dell'essere umano (nell'instancabile ricerca della verità, nell'aspirazione sempre rinnovata della pienezza dell'amore, nella speranza che non muore mai).

[208] M. SOPOĆKO, *Miłosierdzie Boga w dziełach Jego – vol. I*, pp. 100-105.

Con "avvenire" intende la perfezione definitiva dell'essere, la pienezza della vita e dell'amore.[209]

Tale pienezza (chiamata dalla teologia "salvezza") si realizza soltanto in Cristo; perciò la libertà per l'avvenire attende Cristo.[210]

Per Sopoćko l'incarnazione è un mistero della "Parola preesistente," che supera ogni concezione degli angeli e soprattutto degli uomini. Egli afferma nel primo volume del suo libro *Misericordia di Dio nelle sue opere*, che noi non abbiamo sufficienti risorse intellettuali per approfondire quel mistero fino in fondo e che bisognerebbe almeno provare ad avvicinarsi per analogie e paragoni al come avviene l'unione tra la natura divina e quella umana in una persona (*omousios*).[211]

L'idea di preesistenza, invece, viene approfondita dal teologo con il superamento della concezione d'immutabilità divina che non appaia conforme a quella biblica. Questa va, infatti, compresa nell'ambito della vita dell'amore trinitario, che realizza la più perfetta e profonda coerenza, identità e fedeltà a se stesso, nella sua più totale distinzione e donazione all'*Altro* (Figlio), che realizza la più perfetta comunione con l'*Altro* (nello Spirito Santo), nella più totale offerta ed estasi, nello stesso Spirito. "Il Logos si fece carne": in queste parole è espressa la gioia definitiva della fede cristiana; il Nostro percepì che in esse c'è la pienezza della Rivelazione della

[209]M. SOPOĆKO, *Zaufałem Twojemu Miłosierdziu* (*Confido nella tua misericordia)*, Edycja Świętego Pawła, Częstochowa 2004, p. 90; *Miłosierdzie a sprawliedliwość Boża. Rozważania o Bożym Miłosierdziu* (*Misericordia e Giustizia di Dio Meditazione sulla misericordia*), WA, 1950, p. 620; *Serce Jezusa a Miłosierdzie Boże* (*Il cuore di Gesù e misericordia di Dio*), Wiadomości Duszpasterskie, 4 (1948), pp. 47,48; *Miłosierdzie Boga w dziełach Jego – vol. I*, pp. 31,32.

[210]V. BOUBLIK, *L'uomo in Cristo Gesù – vol. V; creati per Cristo*, Centro ecumenico "Ut unum Sint", CTP, Roma 1971, pp. 124-126.

[211]M. SOPOĆKO, *Miłosierdzie Boga w dziełach Jego – vol. I*, Kuria Metropolitalna Białostocka, Białystok 2008, pp. 91-95.

misericordia. Il Signore, incarnandosi, è pienamente Dio e nello stesso tempo pienamente uomo. Il significato più ampio è il fine ultimo dell'esistenza umana rivelato e realizzato nell'incarnazione e per mezzo di essa. Egli scese dal cielo per redimere la terra, per ricongiungere eternamente l'uomo con Dio. "E divenne uomo" - è così iniziata la nuova epoca. Noi, infatti, calcoliamo il tempo secondo gli "anni Domini".[212]

> «Io sono nato per questo, e per questo sono venuto nel mondo: per testimoniare la verità» (Gv 18,37), disse Gesù a Ponzio Pilato.

In base a questa citazione si può affermare che il Dio dell'Antico Testamento venne nella carne per redimere gli uomini. Nonostante ciò, ancora in molti continuano a rifiutarsi di adorarlo. Secondo il pensiero teologico di Sopoćko, l'umanità di Gesù Cristo non significa che Egli non era totalmente divino, che non era metà uomo e metà Dio, che non era Dio travestito da uomo, infatti:

> «L'incarnazione non significa che la sua "Deità" sia mischiata con la sua umanità così da ottenere una strana creatura. Il punto fondamentale di fede è che Gesù il Messia era completamente Dio e completamente uomo e che Egli è

[212]Sopoćko nella sua argomentazione su questo tema si appoggia ai Padri della Chiesa. Dopo sant'Ireneo, il Nostro riporta l'affermazione che «il Figlio di Dio è diventato figlio dell'uomo, perché quest'ultimo diventasse figlio di Dio». Non solo la pienezza originaria della natura umana è restaurata e ristabilita nell'incarnazione. Non solo la natura umana ritorna alla sua comunione con Dio ormai perduta. L'incarnazione è anche la nuova rivelazione, un nuovo ed ulteriore passo. Il primo Adamo era un'anima vivente, ma l'ultimo Adamo è il Signore che viene dal Cielo (1 Cor 15, 47). Nell'incarnazione del *Logos* l'umana natura non fu solo unta da una sovrabbondanza di grazia, ma fu assunta in un'unione intima ed ipostatica con Dio stesso. In questa elevazione della natura umana ad una eterna comunione con la vita divina, i Padri della Chiesa primitiva videro unanimi l'essenza della Salvezza, la base di tutta l'opera redentrice del Cristo; M. SOPOĆKO, *Miłosierdzie Boga w dziełach Jego – vol. I*, p. 88.

venuto a redimere e rigenerare i peccatori e a rivelare il vero Dio. Se il nostro più grande bisogno fosse l'informazione, Dio ci avrebbe mandato un educatore. Se il nostro più grande bisogno fossero i soldi, Dio ci avrebbe mandato un economista. Se il nostro più grande bisogno fosse stato il divertimento, Dio ci avrebbe mandato un intrattenitore. Ma il nostro maggior bisogno era il perdono e la salvezza, così Dio ha mandato sé stesso attraverso l'incarnazione per provvederci un Salvatore».[213]

In altre parole, il Nostro riesce a vedere nelle Scritture l'insegnamento che Dio aveva pianificato l'incarnazione prima ancora della fondazione del mondo (1 Pt 1,20; Ebr 10,5). Ciò era stato già predetto nell'Antico Testamento.

In Isaia 9,5 è scritto che "un fanciullo" (Messia) sarebbe nato, in riferimento alla sua umanità, inoltre vi è aggiunto che "un figliuolo ci è stato dato", facendo così intendere il suo scopo e la sua divinità. Il verso dice che questo figliuolo sarebbe stato chiamato "Dio potente" e "Padre Eterno". Infatti, Gesù Cristo possedeva un corpo umano, ma con una grande differenza rispetto agli uomini: Egli era senza peccato. Le Scritture ci dicono chiaramente che Egli venne "in carne simile a carne di peccato (Rm 8,3)". La domanda che spesso si pone il teologo polacco è: Perché Dio prese su di sé la fragilità della carne umana e decise di vivere in mezzo agli uomini?[214]

---

[213]M. SOPOĆKO, *Miłosierdzie Boga w dziełach Jego - vol. I*, cit., p. 97.
[214]M. SOPOĆKO, *Rekolekcje o Bożym Miłosierdziu z zapisków ks. Michała Sopoćki* (*Il ritiro sulla misericordia di Dio – dagli scritti di Sopoćko*), p. 47.

Questa la risposta. La Bibbia, come il punto di riferimento più importante nella ricerca del teologo, dà ragione all'incarnazione. Dunque Lui è venuto per redimere i peccatori (Gv 6,38-40). Straordinariamente, Dio voleva identificarsi con l'umanità con lo scopo di provvedere ad un effettivo sacrificio per il nostro peccato. Si potrebbe dire che Egli abbandonò la corte reale degli eterni giorni per stare presso di noi in una casa di oscura argilla. La redenzione fu la ragione divina dell'incarnazione. La trasgressione di Adamo ed Eva avvenuta nel Giardino dell'Eden condannò l'umanità ad avere una natura peccaminosa (Ef 2,1-3), creando una separazione nella nostra relazione con Dio. Inoltre, come un ulteriore peso alla condizione umana senza speranza, le Scritture aggiungono che il salario del peccato è la morte (Rm 6,23). Sia che lo sapesse oppure no, troviamo nel l'insegnamento di Sopoćko che il mondo aveva un disperato bisogno del Salvatore misericordioso.[215]

> «Dio, divenendo carne, ha reso possibile ai peccatori di vivere una vita abbondante (Gv 10,10), libera dal peccato e dalle sue catastrofiche conseguenze, appunto per rigenerare i peccatori» (Gv 10,10).

Nelle *opere* del Nostro è evidente che solo l'incarnazione può rendere possibile il cambiamento dei peccatori a tal punto da farli vivere una vita incentrata su Dio. Le Scritture dichiarano che Egli ci ha salvati e ci ha rivolto una santa chiamata, "ha distrutto la morte e ha messo in luce la vita e l'immortalità mediante il Vangelo (2 Tm

[215]M. SOPOĆKO, *Miłosierdzie Boga w dziełach Jeg – vol. II*, p. 124.

1,9-10)". Dio divenne carne per mettere una natura divina nell'uomo peccatore e schiacciare l'autorità del diavolo sull'uomo.[216]

Non possiamo dimenticarci che ai tempi dell'Antico Testamento, i sacrifici degli animali servivano come soluzione a breve termine. Comunque, c'era la necessità di qualcosa di meglio e di permanente. Dio si fece perciò carne così da poter morire di una morte fisica come sacrificio finale per i nostri peccati. Poiché Gesù è Dio, la sua morte e risurrezione furono sufficienti a pagare i peccati di tutta l'umanità (Eb 10,1-9), "una volta per sempre (Eb 10,10)". Come Gesù disse:

> «Se uno ascolta le mie parole e non le osserva, io non lo giudico; perché io non son venuto a giudicare il mondo, ma a salvare il mondo» (Gv 12,47).

Anche san Paolo, non lascia alcun dubbio al nostro teologo sul motivo dell'incarnazione:

> «Certa è quest'affermazione e degna di essere pienamente accettata: che Cristo Gesù è venuto nel mondo per salvare i peccatori, dei quali io sono il primo» (1 Tim 1,15).

[216]M. SOPOĆKO, *Dar Miłosierdzia. Listy ks. Michała Sopoćki* (*Il dono della misericordia – le lettere di don Michał Sopoćko*), pp. 77,78.

A Sopoćko piaceva evidenziare nelle sue riflessioni teologiche, che Dio misericordioso si fece uomo per redimere i peccatori perduti, e che l'incarnazione è sfida anche a Satana nella sua stessa arena.[217]

«Poiché dunque i figli hanno in comune sangue e carne, egli pure vi ha similmente partecipato, per distruggere, con la sua morte, colui che aveva il potere sulla morte, cioè il diavolo e liberare tutti quelli che dal timore della morte erano tenuti schiavi per tutta la loro vita» (Eb 2,14,15).

Da quando il Dio incarnato prese l'iniziativa di redimerci a Lui - per liberarci dalle catene di Satana - Egli ha anche avuto la prerogativa di fornire la sua santa natura a coloro che credono e sono salvati. Essere rigenerati per il Nostro, significa vivere una nuova vita, nella quale viene riflessa l'immagine di Dio e la sua divinità.[218]

Dio ha accettato di farsi uomo, il Redentore personale e il Re di misericordia; afferma Sopoćko.[219]

---

[217]M. SOPOĆKO, *Miłosierdzie Boga w dziełach Jego - vol. I*, p. 111.
[218]M. SOPOĆKO, *Kazania o Miłosierdziu Bożym* (*Le omelie sulla misericordia di Dio*), p. 14.
[219]Cf. M. SOPOĆKO, *Jezus Król Miłosierdzia* (*Gesù il Re della misericordia*), p. 5.

4.3 L'incarnazione: uno dei quattro grandi misteri della misericordia

Nell'approfondimento sistematico del teologo polacco troviamo diverse espressioni interessanti, che ci portano tanta luce e ci permettono di esplorare meglio il suo pensiero. Come ogni essere ragionevole e libero, così anche Dio mantiene la sua individualità, cioè possiede se stesso e la sua natura, indipendente, unica, pienamente consapevole, perfetta, senza limiti delle potenzialità. La fede ci dice che Dio è diverso dagli altri esseri, che abbiano la propria individualità e che in Lui ci sono tre persone che possiedono la stessa natura. Dio Padre possiede la natura divina senza la nascita e senza principio. Il Padre conosce se stesso e in questo conoscersi nasce "il quadro vivente", a cui dona la stessa natura divina. Questo quadro è il Figlio di Dio che è generato, non creato, dalla stessa sostanza del Padre, cioè si rende visibile uscendo dalla sapienza e conoscenza del Padre, perciò viene chiamato la Sapienza e la Parola (il Verbo). Nella teologia di Sopoćko il Padre e il Figlio possiedono la stessa natura, si conoscono e si amano reciprocamente. L'espressione di quest'amore è lo Spirito Santo, la Terza Persona. Tutte e Tre le Persone sono l'unico Dio nella stessa natura, nella quale si conoscono e si amano perfettamente. Nessuno è capace di comprendere la grandezza e l'immensità di quell'amore e felicità. Infatti, Dio Padre genera il suo Figlio dall'eternità, il Figlio e il Padre generano lo Spirito Santo. Dio ci svela "qualcosa" dall'interiorità dell'infinita misericordia e lo rende incarnato.[220]

---

[220]M. SOPOĆKO, *Poznajmy Boga w Jego Miłosierdziu*, pp. 52-54.

Per rivelare il Dio vero e personale (Gv 14,9), la Bibbia dice che "Dio creò l'uomo a sua immagine e somiglianza (Gen 1,26)." Il Nostro confessa che purtroppo molte persone credono che siamo noi a creare Dio a nostra immagine e somiglianza.[221]

Sopoćko, avendo una buona conoscenza della filosofia, a volte amava citare ad esempio il filosofo greco Aristotele, che affermava questo:

> «Gli uomini creano gli dèi a loro immagine, non solo riguardo alla forma, ma riguardo anche al loro modo di vivere».[222]

In base a questo testo, si può affermare che è vero perché gli uomini, per loro natura, sono esseri spirituali. La storia umana ci rivela che si è sempre cercato Dio, ma spesso si sono generate confusioni che hanno portato gli uomini ad adorare gli dei inventati da loro.[223] Le divinità degli assiri e dei babilonesi, invece, erano barbare e brutali. Al contrario, gli dei greci, come Zeus e Giove erano stravaganti e spesso portati a litigare l'uno con l'altro. Per esempio Marte, il dio della guerra romana,

---

[221]M. SOPOĆKO, *Wychowanie chrześcijańskie w ujęciu księdza Michała Sopoćki* (*L'educazione cattolica nell'ottica di don Michele Sopoćko*), Rocznik Teologii Katolickiej – U.W.B. 4(2005), p. 59.

[222]Cf. D. GROMSKA, L. REGNER, W. WRÓBLEWSKI, *Arystoteles – dzieła* (*opere*), vol. V, PWN, Warszawa 1996, p. 414; H. CIERESZKO, *Ksiądz Michał Sopoćko profesor, wychowawca i ojciec duchowny alumnów i kapłanów*, p. 44.

[223]Anche oggi, "il Dio personale" delle Scritture è ancora sconosciuto in diverse società. Forse Albert Einstein parlò a nome di tutti gli scettici quando disse: «L'idea di un Dio personale è un concetto antropologico che non sono capace di prendere sul serio»; A. PAIS, *Einstein è vissuto qui*, Bollati Boringhieri, Torino, 1994, p. 59. Lui e altri dovrebbero sapere che Dio s'incarnò per intimità, così da rivelare il suo carattere amorevole e caritatevole. L'incarnazione prova che Dio non si nasconde con la speranza che siano gli uomini a trovarlo. Invece, Egli è un Dio di rivelazione, il quale si è fatto conoscere mediante Gesù Cristo (Eb 1,1-2). La mancanza di apprezzamento del significato dell'incarnazione ha portato diverse persone a farsi una propria idea su Gesù. L'ex dittatore sovietico Mikhail Gorbachiov ha provato a ridurre Gesù come «il primo socialista, il primo che ha cercato di battersi per un miglioramento della vita dell'umanità»; P. BREVI, *Gorbaciov*, Mondadori, Milano 1986, p. 40. La gente ha difficoltà a pensare che un falegname ebreo di un piccolo villaggio possa essere in realtà il Creatore dell'universo. Ma quando un discepolo di Gesù disse «mostraci il Padre», Gesù rispose: «Chi ha visto me, ha visto il Padre (Gv 14,8-9)». L'incarnazione ha portato luce a coloro che vivevano nelle tenebre nelle proprie conoscenze di Dio (Gv 12,46).

incitava i soldati alla violenza. Quanto è triste pensare al numero infinito di offerte di vario tipo fatte per placare queste false divinità dell'antichità.[224]

Il Nostro teologo nei discorsi dogmatici accentua il progetto salvifico di Dio che finalmente sentì compassione (misericordia) del mondo, il quale si trovava in grande povertà spirituale e morale, perciò mandò l'Arcangelo Gabriele a Nazaret per annunciare la nascita del Messia. Infatti,

> «Nel sesto mese, l'angelo Gabriele fu mandato da Dio in una città della Galilea, chiamata Nazaret, a una vergine, promessa sposa di un uomo della casa di Davide, chiamato Giuseppe. La vergine si chiamava Maria» (Lc 1,26-27).[225]

Nell'insegnamento di Sopoćko, il messaggero di Dio, secondo la volontà del Padre, annuncia a Maria i quattro grandi misteri della misericordia di Dio, dandole la possibilità, con il suo consenso, di partecipare ad essi liberamente: l'immacolato concepimento, la santissima Trinità, l'incarnazione e la redenzione. «Entrando da lei, disse: Ti saluto, o piena di grazia, il Signore è con te» (Lc 1,28).

Prima di tutto le toglie ogni dubbio sulla questione del concepimento immacolato e poi profetizza che il figlio sarà il Re di misericordia e Sovrano eterno,

[224]M. SOPOĆKO, *Łączność i jednolitość nauczania religii z innymi przedmiotami* (*Integrità del insegnamento della religione in sintonia con altre materie*), Miesięcznik Katechetyczny n. 26 (Mensile catechetio), Wilno1937, pp. 369-386.
[225]M. SOPOĆKO, *Błogosławiony Ksiądz Michał Sopoćko – Dziennik* (*Beato don Michele Sopoćko – Diario*) *q. III*, p. 191.

Redentore del mondo. Indica la potenza divina alla quale "nulla è impossibile" (Lc 1.37).[226]

In altre parole il teologo, in queste parole dell'annuncio del concepimento immacolato, trova la ribellione contro il marcio del mondo, contemporaneamente la scelta della purezza e dell'impeccabilità.[227] La grazia e il peccato mai possono sussistere insieme da nessuna parte. Maria è piena di grazia, il peccato non aveva mai trovato posto in Lei, neppure nel momento in cui Ella concepì il Figlio per opera della Spirito Santo. Il peccato originale,[228] con il quale nascono tutti gli esseri umani, non le appartiene, altrimenti non poteva diventare l'immacolata.[229]

Nel 1949, Sopoćko elabora il tema dell'incarnazione, in Germania; dopo cinque anni, Romano Guardini tenta di riflettere su questo tema nella sua opera *Natale e Capodanno - pensieri per far chiarezza* (1954), dove troviamo una sintonia dei pensieri non indifferente.

---

[226]M. SOPOĆKO, *Miłosierdzie Boga w dziełach Jego - vol. I*, p. 100.

[228]Sul discorso del peccato originale, Sopoćko trova il riferimento in sant'Agostino, secondo cui l'uomo è stato creato simile a Dio, non in tutto, perché Dio conosce il male, ma in quanto amore infinito (misericordioso) non commette il male. L'uomo conosce il male e può farlo, mentre Dio non può; il primo è stato creato con il libero arbitrio di conoscere e fare sia il male sia il bene. Infine insegnare a fare il male è una colpa quanto farlo. Perciò, Dio non ha insegnato il male, ma ha lasciato la possibilità e la responsabilità all'uomo di conoscerlo. Va evidenziato che solo con Agostino il peccato originale assumerà la caratteristica ereditaria legata ad una colpa; prima di sant'Agostino non c'è traccia di un'interpretazione che sottolinei tale tipo di ereditarietà del peccato di Adamo; Agostino, invece, inserì la sua argomentazione nell'accesa polemica contro Pelagio. Quest'ultimo sosteneva che la salvezza è per l'uomo raggiungibile senza necessariamente la grazia divina: l'uomo può salvarsi anche solo con le sue forze perché naturalmente portato al bene. Ciò era inconcepibile per Agostino: l'uomo non può salvarsi con le sue sole forze, perché si trova in una condizione corrotta. Causa di questa condizione è proprio il peccato originale, ereditato attraverso la sessualità. Per sostenere questa tesi Agostino abbraccia posizioni tipiche del traducianesimo, sebbene si tratti di un traducianesimo spirituale, differente dal traducianesimo materialistico di Tertulliano; M. SOPOĆKO, *Z zagadnień etycznych* (*Dai discorsi etici*), Wyd. Studiów Teologicznych, Wilno 1937, p. 4.

[229]M. SOPOĆKO, *Miłosierdzie Boga w dziełach Jego – vol. I*, p. 98

«L'incarnazione è essa stessa Rivelazione, anzi è autentica e colmante. Essa dice: Dio è tale da essere in grado di farsi uomo. Egli è tale che, ai suoi occhi, per parlare col linguaggio della Genesi, è "cosa buona" e "molto buona" compierla (Gv 1,10.12.18.25.31). Ma il motivo, di cui parla così alla leggera, è che Dio lo fa per amore, anzi Egli è colui che ama in senso puro e semplice (...). Dio è amore; scrive Guardini».[230]

Com'è stato rilevato in precedenza, per il teologo polacco, il motivo per cui Gesù Cristo venne sulla Terra è vivere in mezzo agli uomini e iniziare l'evento più grande della storia: la manifestazione di Dio misericordioso nella carne. Gesù, l'eterna seconda persona della Trinità di Dio, prese su di sé l'umanità (Gv 1,1-14). Infatti, solo lui ha sperimentato il potere di una vita trasformata dallo Spirito Santo, e può dire di conoscere intimamente il vero e unico Dio vivente della Bibbia, può dare un'adorazione che viene dal cuore al Dio incarnato in Gesù Cristo.

---

[230]Cf. R. GUARDINI, *Natale e Capodanno*, Morcelliana, Brescia 1994, p. 29

4.4 L'incarnazione è mistero della fede

«Il Verbo si fece carne e venne ad abitare in mezzo a noi; e noi vedemmo la sua gloria, gloria come di unigenito dal Padre, pieno di grazia e di verità» (Gv 1,1-14).

Il teologo, analizzando questo brano del Vangelo secondo Giovanni, sottolinea che proprio in queste parole possiamo riscontrare il mistero della nostra fede e anzitutto il modo e la condizione della nostra figliolanza adottiva da parte di Dio. Il Verbo-Parola è il Figlio di Dio,[231]attraverso il quale Dio rivela la sua misericordia nel creato e anzitutto nell'adozione degli "esseri umani ragionevoli" a cui permette di diventare i figli adottivi di Dio.[232]

La teologia cristiana ha usato sempre il termine "incarnazione", la quale ha nel suo punto centrale il fatto che Dio ci ha tanto amato, ha accettato di divenire uno di noi, affinché Egli potesse fare per noi ciò che noi non avremmo mai potuto fare per noi stessi e così si manifesta per noi l'infinita misericordia di Dio.[233]

---

[231]Il *Logos* incarnato apparve sulla terra come uomo tra gli uomini. Ciò significava assumere tutta la pienezza umana per redimere gli uomini, pienezza non solo della natura umana, ma anche di tutta la vita umana. L'incarnazione doveva manifestarsi in tutta la pienezza della vita e dell'età dell'uomo, poiché tutta questa pienezza potesse essere santificata. Questo è uno degli aspetti del concetto della "ricapitolazione" di tutto in Cristo, che con tanta enfasi Sopoćko riprese da sant'Ireneo e da san Paolo. Era questa l'umiliazione del *Logos* (Fp 2,7). Ma questa *kènosis* non era una riduzione della divinità, che nell'incarnazione sussiste immutata. Al contrario era un'elevazione dell'uomo, la deificazione della natura umana, la *thèosis*. Come anche afferma san Giovanni Damasceno, nell'incarnazione «tre cose furono realizzate in una sola volta: l'assunzione, l'esistenza e la deificazione dell'umanità per mezzo del *Logos*»; M. SOPOĆKO, *Encyklopedia kościelna* (*Enciclopedia della chiesa*) *vol. III*, Słowo, Włocławek (Polonia) 1933, p. 12.
[232]*Ibid.*, p. 77.
[233]*Ibid.*, p. 89.

Sopoćko considera il termine "incarnazione"[234] come la massima rivelazione di Dio fuori di sé[235] e la suprema comunicazione che egli fa di sé stesso alle creature. Certo le meraviglie della Potenza, della Sapienza e dell'infinita bontà divina che essa ci svela, ci costringono, quando vi si rifletta, ad una muta adorazione. Ma a quale scopo essa è stata indirizzata? Come la creazione ha origine unicamente dalla libera volontà di Dio, così, l'incarnazione ha origine da questa stessa libera volontà. L'ultimo fine a cui Dio mira in tutte le sue opere è la sua gloria: *In gloriam meam fecit te!* (Is 43,7). L'incarnazione rende a Dio quella gloria che è degna di Lui. Il Figlio di Dio è disceso dal cielo in terra, per restaurare le rovine del peccato. Questo è un dato di fatto che trova conferma nella nostra fede.[236]

---

[234]Sopoćko nella sua ricerca scientifica intende il termine incarnazione come definizione fondata sul Vangelo di san Giovanni: Il Figlio di Dio, il Verbo, assunse una natura umana per realizzare, per mezzo di essa, la nostra redenzione. Riprendendo l'espressione di san Giovanni «Il Verbo si fece carne (Gv 1,14)», come la Chiesa chiama «incarnazione» il fatto che il Figlio di Dio abbia assunto una natura umana per realizzare in essa la nostra salvezza, l'incarnazione è realtà essenziale della nostra fede cristiana. La fede nella reale incarnazione del Figlio di Dio è il segno distintivo della fede cristiana (...). E' la gioiosa convinzione "del grande Mistero della misericordia": «Egli si manifestò nella carne (1 Tm 3,16)»: Vero Dio e vero Uomo, senza mescolanza né confusione fra il divino e l'umano. L'evento unico e del tutto singolare dell'incarnazione del Figlio di Dio non significa che Gesù Cristo sia in parte Dio e in parte uomo, né che sia il risultato di una confusa mescolanza di divino e di umano. Egli si è fatto veramente uomo rimanendo veramente Dio. Gesù Cristo è vero Dio e vero uomo. La Chiesa così confessa che Gesù è inscindibilmente vero Dio e vero uomo. Egli è veramente il Figlio di Dio che si è fatto uomo, nostro fratello, senza con ciò cessare d'essere Dio, nostro Signore. La piena realtà della sua anima e del suo corpo umani si fondono nella misteriosa unione dell'incarnazione. «La natura umana è stata assunta, senza per questo essere annientata (GS 22)», la Chiesa nel corso dei secoli è stata condotta a confessare la piena realtà dell'anima umana, con le sue operazioni d'intelligenza e di volontà, e del corpo umano di Cristo. La sua natura umana appartiene alla Persona divina del Verbo, che l'ha assunta. La natura umana di Cristo appartiene in proprio alla Persona divina del Figlio di Dio che l'ha assunta. Tutto ciò che Egli è e ciò che Egli fa in essa deriva da "Uno della Trinità". La conoscenza umana di Cristo non era illimitata. L'anima umana che il Figlio di Dio ha assunto è dotata di una vera conoscenza umana. In quanto tale, essa non poteva di per sé essere illimitata: era esercitata nelle condizioni storiche della sua esistenza nello spazio e nel tempo. La sua conoscenza umana godeva, senza dubbio, della pienezza della scienza dei disegni divini nella Persona del Verbo. Al tempo stesso, però, questa conoscenza veramente umana del Figlio di Dio esprimeva la vita divina della sua Persona (...). E, innanzi tutto, il caso della conoscenza intima e immediata che il Figlio di Dio fatto uomo ha del Padre suo (Mc 14,36; Mt 11,27; Gv 1,18; 8,55; ecc.). Il Figlio di Dio anche nella sua conoscenza umana mostrava la penetrazione divina che egli aveva dei pensieri segreti del cuore degli uomini (Mc 2,8; Gv 2,25; 6, 61; ecc.). La conoscenza umana di Cristo, per la sua unione alla Sapienza divina nella Persona del Verbo incarnato, fruiva in pienezza della scienza dei disegni eterni che egli era venuto a rivelare (Mc 8,31; 9,31; 10,33-34; 14,18-20.26-30). Ciò che in questo campo dice di ignorare, dichiara altrove di non avere la missione di rivelarlo (At 1,7). M. SOPOĆKO, *La Misericordia di Dio*, Roma 1956.

[235]Infatti, l'incarnazione del *Logos* fu un'assoluta manifestazione di Dio e soprattutto fu una rivelazione della vita. Il Cristo è il *Logos* della Vita «(...), la vita si manifestò e noi l'abbiamo vista e ne testimoniamo ed annunciamo a voi la vita, la vita eterna, che era con il Padre e che si manifestò a noi (1 Gv 1, 1-2)».

[236]M. SOPOĆKO, *Zaufałem Twojemu Miłosierdziu. Myśli na każdy dzień* (*Confido nella tua misericordia*), p. 95; *Poznajmy Boga w Jego Miłosierdziu* (*Conosceremo Dio nella Sua misericordia*), pp. 87,88.

Se l'incarnazione, prescindendo dalla circostanza della riparazione umana, fa brillare di tanta luce il mistero di Dio al nostro sguardo, nuove meraviglie ancora essa ci discopre considerando nello sfondo dell'anima l'iniquità. Le ombre danno maggior risalto alla luce, e il tenebroso mistero dell'umana malizia avvolge di più fulgidi splendori il divino disegno dell'incarnazione.[237]

Il Nostro spiega che non solo la potenza, la sapienza, la carità di Dio si rivelano a noi nelle loro abissali profondità, ma anche la giustizia e la misericordia. Cristo, con tutto quello che ha portato ed ha offerto all'umanità, ha soddisfatto il bisogno eterno indispensabile per la nostra salvezza, perciò tutta la bontà di Dio ha un valore eterno.

Sarebbe sbagliato guardare soltanto al suo vestito o al suo stile di vita, caratterizzati dal giudaismo e dal galileismo, ma piuttosto dovremmo prestare attenzione a quello che Gesù racchiude in sé, al suo significato eterno, ed a tutto quello che Egli ha offerto all'umanità. Egli ci ha dimostrato l'infinita bontà del Padre, dandoci la possibilità di conoscere, amare Dio e di diventare figli adottivi di Dio. È da premettere che proprio per ricondurre a sé gli uomini, Dio fece cose straordinarie, anzi diede la massima prova della misericordia. Per questo il Verbo del Padre, con un atto d'inesprimibile umiliazione e con un atto d'incredibile condiscendenza si fece carne e si degnò di abitare tra noi.[238]

Un altro aspetto importante e interessante della riflessione di Sopoćko è il seguente. Il Verbo divino non solo guarì le nostre malattie con la potenza dei

---

[237]V. GENOVESI, *Il Mistero del Verbo Incarnato*, Tipografia Italo - Orientale, Roma, 1970, pp. 23,24.
[238]M. SOPOĆKO, *Poznajmy Boga w Jego Miłosierdziu* (*Conosceremo Dio nella Sua misericordia*), p. 89.

miracoli, ma prese anche su di sé l'infermità delle nostre passioni, pagò il nostro debito mediante il supplizio della croce, come se lui innocente fosse colpevole.

Dio, presentandosi all'uomo, si rivela in un verbo cioè in una forma dinamica che sfugge alle definizioni riduttive per sottolineare che il suo nome, quindi la sua essenza, non può essere manovrato dall'uomo per i propri fini ed interessi.

Innanzitutto dobbiamo costatare che per Sopoćko, Dio si fa conoscere a noi come mistero d'amore infinito in cui il Padre dall'eternità esprime la sua Parola nello Spirito Santo. Perciò il Verbo, nel pensiero del Nostro,[239] che dal principio è presso Dio ed è Dio, ci svela Dio stesso nel dialogo d'amore tra le Persone divine e ci invita a partecipare ad esso.[240]

Pertanto, come afferma papa Benedetto XVI, noi fatti ad immagine e somiglianza di Dio amore, possiamo comprendere noi stessi solo nell'accoglienza del Verbo e nella docilità all'opera dello Spirito Santo.[241]

È solo quando il Verbo, per mezzo del quale tutto è stato creato (a cominciare dal tempo), si fa uomo e nasce nel tempo per trasformare gli uomini immortali chiamati fin dall'eternità (e in vari modi prefigurata nel corso della storia della salvezza, quale

---

[239] Bisogna sottolineare che Sopoćko vede nell'incarnazione il *Logos* che assume l'originale natura umana, innocente e libera dal peccato originale, senza alcuna macchia. Questo fatto non viola la pienezza della natura umana né diminuisce la somiglianza del Salvatore nei confronti di noi peccatori. Infatti, il peccato non è proprio della natura umana, nello stato primigenio. Nell'incarnazione il *Logos* assume la primitiva natura umana, creata "ad immagine di Dio", per cui quest'ultima è ristabilita nell'uomo. Ciò non era ancora l'assunzione della sofferenza umana o dell'umanità sofferente. Era l'assunzione della vita umana, ma non ancora della morte. La libertà del Cristo dal peccato originale significa anche libertà dalla morte, che è il "compenso del peccato". Il Cristo è libero dalla corruzione e dalla morte già dalla sua nascita, è simile al primo Adamo anteriormente alla caduta, egli può non morire affatto, sebbene naturalmente egli possa anche morire. Egli era libero dalla necessità della morte, poiché la sua umanità era pura ed innocente. Perciò la morte del Cristo era e non poteva non essere volontaria, non frutto della natura decaduta, ma il risultato di una libera scelta ed accettazione; M. SOPOĆKO, *Et principem fecit illum (...)*, WAW n. 6 (articolo), Varsavia 1932, p. 150.

[240] M. SOPOĆKO, *Miłosierdzie Boga w dziełach Jeg – vol. I*, p. 68.

[241] Cf. BENEDETTO XVI, *Esortazione Apostolica Postsinodale – Verbum Domini,* L.E.V., Città del Vaticano 2010, p. 18.

manifestazione della verità e fedeltà di Dio), si attua definitivamente. L'incarnazione e poi l'evento pasquale (come eventi dell'umiliazione e abbassamento del Figlio di Dio, fino a subire un'autentica morte) manifestano, nella loro forma suprema, la verità (ciò la veracità e la fedeltà) e la misericordia di Dio.[242]

Vale la pena aggiungere che l'incarnazione è anche la rinascita dell'uomo, per così dire, la resurrezione della natura umana. Ma il punto culminante dell'evangelo è la croce, la morte del *Logos* incarnato. La vita è stata rivelata nella sua pienezza attraverso la morte. Questo è il mistero paradossale del cristianesimo: la vita attraverso la morte, la vita dalla tomba ed oltre la tomba, il mistero della tomba apportatrice di vita. Nessun seme rivive se prima non muore (1Cor 15, 36). Noi siamo nati ad una vita reale ed eterna solo grazie alla nostra morte battesimale ed alla nostra sepoltura nel Cristo; noi siamo rigenerati con il Cristo nel fonte battesimale. Questa è la legge immutabile della vera vita.[243]

Da quando si è operata una rilettura complessiva dell'evento Cristo in modo più dinamico come mistero di totale accondiscendenza, quando incarnazione e *kenosis* sono state interpretate correlativamente, vale a dire come donazione che abbraccia l'intera esistenza del crocifisso Risorto, anche la riflessione sullo Spirito Santo ne è rimasta influenzata. Certo l'attribuzione della categoria di *kenosis*, biblicamente si riferisce soltanto al mistero dell'incarnazione e occorre molta cautela nell'impegno analogico della medesima in riferimento allo Spirito Santo.

---

[242]R. FERRI, *Gesù e la verità - Agostino e Tommado interpreti del Vangelo di Giovanni,* Città Nuova, Roma 2007, p. 93.
[243]G. FLOROVSIJ, *Creation and Redemption*, Nordland Publisking company, Nordland 1976, pp. 95-104.

«Grande è il mistero della fede: Dio s'è manifestato nella Carne» (1 Tm 3,16).

Dio, però, non si manifestò per ricreare il mondo improvvisamente grazie alla sua onnipotenza, o per illuminarlo e trasfigurarlo con l'immensa luce della sua gloria. Fu nell'estrema umiliazione che la rivelazione della divinità si realizzò.

Sopoćko è convinto che Dio per nessun motivo fu costretto a redimere il genere umano. Anche perché Dio fu sempre felice in sé, lo è e lo sarà. Come Dio poteva evitare gli angeli caduti, cosi poteva abbandonare gli uomini dopo la caduta. Egli decise di salvare tutta l'umanità nella misericordia senza limiti. Se Dio potesse essere accontentato dell'espiazione imperfetta, potrebbe affidare qualche missione a un Angelo o a un uomo per offrirsi come espiazione sostitutiva, ma in questo caso soffrirebbe la giustizia oppure non ci sarebbe espiazione perfetta per i peccati. Perciò, Dio inventò il rimedio straordinariamente grande, incomprensibile, misterioso, degno di essere ammirato da parte degli Angeli e uomini. Ecco il Figlio di Dio, per il quale tutto fu creato, assunse la natura umana, nella quale, da vero uomo, poteva offrire degna espiazione a Dio, pur essendo della stessa sostanza.[244]

[244] M. SOPOĆKO, *Miłosierdzie Boga w dziełach Jego - vol. I*, p. 99.

CONCLUSIONE

In conclusione, occorre una distinzione fatta tra l'assunzione della natura umana da parte del Cristo ed il fatto che egli prese su di sé i nostri peccati. Il Cristo è "l'agnello di Dio che prende su di sé i peccati del mondo (Gv 1, 29)". Ma egli non prende su di sé i peccati del mondo nell'incarnazione. Prendere su di sé i peccati del mondo è un atto della volontà, non una necessità della natura. Il Salvatore prende su di sé i peccati del mondo per una libera scelta d'amore misericordioso. Egli li porta in tale modo che ciò non diventa una sua colpa o viola la purezza della sua natura. L'assunzione dei peccati ha un valore di redenzione, in quanto è un libero atto di compassione e d'amore. Né si tratta solo di compassione. In questo mondo, che è preda del peccato, anche la purezza stessa è una fonte e causa di sofferenza. Perciò un cuore giusto soffre e si addolora per l'ingiustizia che patisce per opera della malvagità di questo mondo.

La vita del Salvatore, pura e senza peccato, deve essere stata inevitabilmente su questa terra sottoposta alla sofferenza. Il bene è oppressivo per il mondo e questo mondo è oppressivo per il bene, perché si oppone al bene e non volge lo sguardo alla luce.[245]

«Il mondo non accetta il Cristo e respinge sia lui che il Padre suo» (Gv 15, 23).

[245]G. FLOROVSIJ, *Creation and Redemption*, pp. 95-104.

INDICE

Printed by Books on Demand GmbH, Norderstedt / Germany